Secretos caseros
de nuestras abuelas

Sabiduría popular colombiana

Carmen Cecilia Díaz de Almeida

Portada y Diagramación: Judith Almeida
Primera Edición Impresa, 1990, Colombia
Primera Edición Digital, 2012, Estados Unidos

MOWA INC.
E-BOOKS.

CARMEN CECILIA DIAZ DE ALMEIDA

Carmen Cecilia Díaz de Almeida, autora y artista colombiana. Nacida en Piedecuesta (Santander). Ha publicado 32 libros de cultura, costumbres, sabiduría popular y folklore colombiano. Reconocida por la UNESCO y la Gobernación de Santander como "Patrimonio Cultural Viviente", por sus aportes e investigaciones con el objetivo principal de conservar y transmitir la tradición oral, sabiduría y folclor colombiano, despertando el sentimiento de identidad, continuidad y así promover el respeto a la diversidad cultural y creatividad humana.

Intelectual comprometida con la Docencia-Educación y la Investigación de la Tradición Oral y Cultura en la región de Piedecuesta, Santander. Asesora en Universidades, Conferencista y Radio-locutora.

Realizó estudios profesionales de Historia de Colombia en la Universidad Industrial de Santander UIS, de Filosofía y Letras en la Universidad de Santo Tomás de Aquino, de Español y de Literatura en la Universidad de Pamplona. Hizo sus estudios primarios y secundarios en el Colegio de La Presentación de Piedecuesta y en la Escuela Normal Superior de Bucaramanga, allí obtuvo el título de Maestra Superior. Está casada y tiene dos hijos.

TAMBIEN DE CARMEN CECILIA DIAZ DE ALMEIDA

Colección Tradición Oral Colombiana:
A calzón quitao (1992)
Los pregones de mi pueblo (1994)
El Trabalengüero (1997)
Cuentos de miedo (1998)
Cualquier parecido es mera coincidencia (1999)
Coplas, refranes y dichos para niños (1999)

Sabiduría Popular Colombiana:
Secretos caseros de nuestras abuelas (1990)
Recuerdos de mecedora (2008)

Colección Vivencias:
Los sentimientos no se compran en la tienda (2003)
Mensajes para fechas especiales (2004)
Sentir, asombrarse y vivir (2005)
Trocitos de paz (2005)
Las siete gracias de la felicidad (2010)
El poder del pero (2011)

Colección de Cívica y Urbanidad:
El señorío se aprende en Casa. Civismo, buenas costumbres y etiqueta (2008)

Colección Poemas:
A través de la luz (2002)

Libros publicados por la Editorial San Pablo:
Comunícate (1992)
Refranes y otras cosas de la ilustre Villa del Garrote (1995)
Secretos manuales para embellecer el hogar (2001)
Cuentos para niños de 1 a 100 años (2003)
Un mensaje para mí (2009)
No pierda el impulso (2009)

Dedicatoria

A las tres razones de mi vida: Néstor Almeida Sánchez, mi esposo, Judith Cecilia y Néstor Eduardo, mis hijos

Contenido

Agradecimientos

A todas las personas que de una forma u otra colaboraron en la realización del presente trabajo.

Y a **Sara Martínez de Rodríguez** por acceder a posar para la portada del libro.

Prólogo

Siempre se ha oído hablar de la "sabiduría popular", y al hacerlo suele dársele la mayor trascendencia y la máxima ponderación. Y es que el pueblo, nuestras gentes, pero muy especialmente las personas mayores, han venido acumulando a través de los años, todo el saber y toda la experiencia adquirida generación tras generación, y, las más de las veces, transmitida en forma oral, de boca a oído, casi siempre en los momentos cumbres de la experiencia vivencial.

Infortunadamente poco se ha hecho para sistematizar todo este conocimiento, que, afortunadamente, no es simple información sino sabiduría experiencial. ¡Cuántas penas y cuántas pérdidas se hubieran ahorrado a la humanidad, si a todos llegara en cantidad suficiente todas esas muestras de "sabiduría popular"!

Se ha dicho que "nadie aprende por la experiencia ajena" y también que "infortunadamente la experiencia nos llega cuando ya no la necesitamos" (es decir, cuando ya hemos cometido los errores). No comparto las dos pesimistas afirmaciones anteriores, porque hacerlo sería negar toda capacidad de aprendizaje a la inteligencia y a la razón, y reducir a una sola metodología el aprendizaje: el dolor.

Lo que sucede es que, con la inteligencia, igual que con el amor, entre más se ejercita, más se beneficia la persona.

Por todo lo anterior, un libro que recupere y sistematice la "sabiduría popular" está llamado a ser texto de cabecera, compañero de andanzas y motivador de meditaciones. "Este sí, el verdadero va conmigo", que los latinos llamaban vademécum.

Esta es la tercera obra escrita por la señora Carmen Cecilia Díaz de Almeida, dedicada a recuperar y a divulgar los saberes y las tradiciones de su terruño, la bien querida Villa de San Carlos del Pie de la Cuesta, la Piedecuesta de todos.

En su primer libro, Carmen Cecilia nos preparó una valiosa antología crítica de los autores y escritores de su tierra natal; en la segunda obra nos presentó una extensa y valiosa colección de los dichos, refranes y creencias y diretes de sus paisanos, y ahora nos presenta, sistematizados y enriquecidos, los secretos y los consejos caseros de esta rica y destacada sabiduría popular, pescada y escudriñada en los dichos de las abuelas.

¡Qué hermosa lectura espera a quien decida hacerlo! En sus páginas nos encontramos con nuestros antecesores, con las cosas que vimos y nos aplicaron a todos nosotros cuando éramos niños, las cosas bellas y cálidas que hicieron insustituibles las manos de nuestras madres y los detalles y actuares que nos hacen recordar frecuentemente a nuestros queridos ancianos y abuelos.

Desafortunadamente, el tiempo, que no perdona, nos ha privado a todos de la presencia de esos añejos amigos que con sus diálogos y con sus afectos enriquecieron nuestras vidas. Pero la autora los ha recuperado para todos nosotros.

¡Gracias, Carmen Cecilia! ¡Sigue escribiendo! Ten la certeza de que, al leer tus páginas, reviviremos los recuerdos compartidos contigo, pero también, recrearemos los efectos de los cuales también te haremos especialmente partícipe.

Al aplicar las enseñanzas de los ancianos, mejoraremos nuestra existencia, haremos más amables los días y los años, y podremos llegar alegremente a la preciosa edad en que divulgaremos, refrendado con la experiencia, todo cuanto hoy nos has aportado generosamente.

Jaime Luis Gutiérrez Giraldo

Introducción

Este libro, fruto de cierto tiempo de reflexión y trabajo, en primer lugar, desea ser un modesto aporte a la defensa y conservación de la sabiduría tradicional, propia de las actividades humanas. En segundo lugar, ha sido pensado para responder a la inquietud de recoger parte de ese saber práctico que se va perdiendo. En tercer lugar, aspira a que sirva como guía casera para solucionar algunas dificultades.

"Secretos caseros de nuestras abuelas", consta de cinco capítulos que recopilan conocimientos prácticos relacionados con el hogar, la cocina, la belleza y otras sabias experiencias, conseguidas mediante la información directa de abuelas y amas de casa santandereanas, dejando plasmada así alguna parte de nuestra tradición oral.

Dedicado de manera especial a quienes, cualquier día, hayan sentido el verdadero deseo de buscar en sus raíces algunos perfiles familiares desdibujados por el paso del tiempo. Qué hermoso es ese encuentro personal con algunos secretos caseros practicados en el seno del hogar paterno y poder exclamar: ¡Esto se hacía en casa!

Agradezco a los amables lectores que aborden esta obra con ánimo constructivo; encontrarán en ella auténticas manifestaciones de nuestros pueblos.

Si logro infundir estímulo para que se empeñen en la noble tarea de rescatar, conservar y difundir ese invaluable patrimonio que es la tradición, me considero compensada de los desvelos empleados en ella.

Secretos caseros de nuestras abuelas
Sabiduría Popular colombiana

1. El hogar

"Hogar, dulce hogar", expresión de antaño que nos hace recordar la reunión de la familia al abrigo del amor de los mayores, las enseñanzas centradas en el bien, la rectitud, la comprensión, el orden, la cortesía y otras tantas virtudes que caracterizaban a las gentes.

El hogar es vital y refleja el gusto y la personalidad de sus integrantes. Tener talento para hacer de ese ambiente algo agradable, acogedor y con el sello inconfundible de cariño y unión, exige la colaboración de todas las personas que viven en la casa.

Usted puede hacer de su casa un lugar claro y alegre que dé la sensación de espacios abiertos y que tenga el verdor inigualable de las plantas naturales. Aproveche los recursos que ya tiene. Las plantas, le proporcionarán privacidad, además de decorar estupendamente.

Una de nuestras preocupaciones se refiere al orden de la casa, sin embargo, sí es posible planificar los muebles necesarios para mantener cada cosa en su lugar.

A continuación encontrará variadas soluciones que se pueden aplicar a los problemas cotidianos relacionados con el hogar en general.

Algunas maneras de evitar
la preocupación

- Empiece el día jerarquizando sus actividades.
- Evite trabajar más de la cuenta.
- Planee la forma de realizar su proyecto.
- Organice su tiempo.
- Recuerde que el trabajo causa tensión de acuerdo con la actitud mental que maneje al respecto.
- Considere que la eficiencia de la gente disminuye después de cinco horas de trabajo intenso.
- Tómese cortos períodos de descanso.
- No espere siempre terminar el trabajo al final del día.
- No permita que otras personas le hagan perder el tiempo.
- Delegue funciones.
- Comience a buscar algo útil que hacer por otra persona.
- Ríase de los acontecimientos graciosos.
- Entreténgase buscando cualidades en las personas que lo rodean.
- No guarde sus miedos, examínelos y abandónelos.
- Haga una lista de sus buenas cualidades.
- Reserve un rato para descansar.
- Hable sólo de salud, éxito y felicidad.
- Proyecte una imagen alegre y jovial.
- Celebre sus triunfos con los demás.
- No se permita actitudes negativas.
- Cuando alguna reunión no es realmente un plan agradable para usted, simplemente diga que no puede asistir.

- Para no tener que salir a comprar un regalo o un detalle, mantenga en casa bonitos recipientes de vidrio o cerámica que pueden llenarse con galletas o con dulces. Mantenga también cintas y tarjetas.

- Utilice algunas horas para usted. No dude en dedicar un rato a su actividad favorita.

- Su estado de ánimo depende de su presencia física. Dedique al mes unas horas para su belleza.

La cortesía

El comportamiento ideal consiste en la combinación de saber qué es lo que hay que hacer y cómo hacerlo con cortesía.

Los buenos modales son importantes en todos los contactos de la vida y nacen de la auténtica amabilidad de las personas. Sentir verdadero interés por los demás es vital para los buenos modales.

- Al terminar de comer, la servilleta se coloca descuidadamente al lado derecho del plato.

- Absténgase de fumar en el bus.

- Al despedir los invitados, permanezca en el umbral con la puerta abierta, hasta que se pierdan de vista.

- Cuando la familia está sola, todos deben esperar a que la madre haya servido a los demás para empezar a comer juntos.

- Ceda el asiento a las personas de edad y a las señoras embarazadas.

- Cuando no resista la tentación de comer chicle, no haga bombas, es desagradable.

- Cuando llame por teléfono y conteste un número equivocado, presente disculpas.

- Cuando se termina una comida, la mesa debe quedar perfectamente limpia y ordenada.

- Cuando visite a un enfermo, procure animarlo, pero no agotarlo.

- Cuando sienta deseos de estornudar, utilice el pañuelo y disimule cuanto pueda.

- Cuando desee bostezar, hágalo en forma disimulada y silenciosa. El bostezo es señal de pereza o aburrimiento.

- Cuando llegue visita antes de las once de la mañana no ofrezca licores o cerveza, se ofrece jugo o fruta.

- Debe ofrecerse un aperitivo antes del almuerzo.

- Dar de beber a quien llega a nuestra casa es muestra de amistad, pero no siempre hay que ofrecer alcohol.

- Deben practicarse los buenos modales en todo lugar.

- Deje cada cosa en su lugar.

- Es importante que los padres observen las más elementales normas de urbanidad para que los hijos aprendan con el ejemplo.

- Evite guardar en la maleta de viaje, objetos valiosos.

- Es mala educación escupir en la calle.

- Evite arrojar papeles al suelo.

- Evite tirar las colillas en cualquier sitio.

- Evite hablar a gritos, es falta de cortesía.

- Evite colocar el aparato de sonido a todo volumen.

- En la calle es mala educación silbar, cantar y gritar.

- Evite llevar niños revoltosos a las visitas.

- Es mala educación dejar encendido el televisor cuando hay visitas.

- Evitar quitarse los zapatos en público.

- Es falta de cortesía comer muy rápido.

- Evite llamar por teléfono antes de las nueve de la mañana, excepto en casos especiales.

- Evite hacer ruidos al comer.

- Evite cuando camine, formar grupos que obstaculicen el paso.

- Evite echar la cabeza hacia atrás, cuando tome una bebida.

- En las casas, siempre debe haber flores.

- En público no usar pañuelos de papel.

- El anfitrión empieza primero la comida.

- El sacudir una mano amiga, no es señal de cortesía. El saludo debe ser moderado.

- Es norma de cortesía, anunciar el nacimiento de un bebé particularmente a la familia.

- Es aconsejable usar pañuelos blancos.

- Evite que las maletas sean muy grandes.

- Evite gestos neuróticos.

- Evite comerse las uñas.

- Es norma de cortesía, anunciar con anticipación una visita.

- En la calle no arrojar propaganda que le obliguen a recibir.

- Es falta de cortesía barrerle los pies a las personas.

- El vino se sirve de derecha a izquierda.

- Hacia el medio día puede servirse licores suaves como vino blanco frío, jerez o cerveza.

- Las extremidades inferiores deben estar quietas; en posición correcta, sin molestar las piernas ni los pies a las otras personas que están sentadas a la mesa.

- La persona que llama por teléfono debe ser atendida con prioridad.

- La servilleta se puede colocar en el regazo.

- Las visitas no se hacen por la mañana.

- Las conversaciones y las disputas no se hacen por teléfono.

- La mesa debe tener siempre mantel, ojalá blanco y con servilletas del mismo material.

- La servilleta sólo se usa antes y después de beber.

- Los relojes que hacen ruido cada hora, no son elegantes.

- Hacer visita a la hora indicada.

- Nunca mande flores anónimamente.

- Nunca hacer visita a la hora de las comidas.

- Nunca alargue demasiado las visitas.

- Nunca invitar los niños a una cena formal.

- Nunca se colocan los codos sobre la mesa, a la hora de comer.

- Nunca obligue a una persona a tomar el licor que a usted le gusta.

- Nadie empiece a comer hasta que todos estén servidos.

- Pida permiso para que le dejen el paso.

- Procure no pisar los pies a los demás.

- Reciba a los invitados en el umbral de la puerta.

- Reciba a los invitados con la puerta abierta.

- Si la sopa está caliente, no sople, espere que se enfríe.

- Siempre debe ser discreto al usar el perfume.

- Si un anciano tiene dificultades para pasar la calle, ayúdelo.

- Si le cuentan a usted un chiste que ya conocía, no interrumpa anticipadamente su final.

- Se pueden utilizar servilletas de papel, pero son más elegantes las servilletas de tela.

- Si no emplea las dos manos con los cubiertos, la que está libre puede quedar sobre la mesa a un lado del plato.

- Sólo los niños se colocan la servilleta alrededor del cuello, para evitar que se manchen la ropa.

- Utilizar el teléfono, el menor tiempo posible.

La energía

- Ahorra usted energía cuando plancha la mayor cantidad de su ropa posible, nunca una o dos prendas cada rato.

- Ahorra energía cuando enciende el calentador únicamente antes de utilizar el agua caliente (no lo deje encendido todo el día).

- Ahorra energía abriendo y cerrando rápidamente la puerta de la nevera.

- Ahorra energía cocinando sólo con el agua necesaria.

- Cuando retire las vasijas, compruebe que las parrillas no queden encendidas.

- Cerca a los interruptores escriba esta expresión: "Ahorre energía".

- Durante la tormenta quédese en casa. Manténgase alejado de puertas y ventanas abiertas.

- Durante la tormenta no utilice artefactos eléctricos, objetos metálicos, ni el teléfono; sálgase del agua, no retire la ropa extendida en alambres exteriores.

- Durante la tormenta evite refugiarse en las partes altas del área en que se encuentra y menos debajo de un árbol. Si viaja en bus o en carro, cierre las ventanillas.

- No utilice todos los aparatos eléctricos al tiempo, porque hay riesgos de avería.

- Nunca deje prendidos los aparatos eléctricos cuando no los esté utilizando.

- Use la temperatura alta únicamente cuando los alimentos empiezan a hervir, luego baje la temperatura a media o baja.

La limpieza

El aspecto que ofrecen las casas hasta en su último detalle revela el gusto y la pulcritud de los integrantes de la familia. Un hogar ordenado no sólo causa grata impresión sino que proporcionará paz y bienestar. Las siguientes sugerencias le ayudarán a lograr limpieza completa en su hogar:

- Antes de comer, lavarse las manos.
- Ahorra tiempo mantener la casa ordenada.
- Ahorra tiempo designar un lugar especial para todos los implementos de limpieza.
- A las pantallas de papel se les pueden quitar las manchas con una goma de borrar.

- Cuando vaya a pintar puertas y ventanas, ponga una capa de vaselina en las chapas y manijas metálicas, antes de iniciar la labor. Cuando termine, fácilmente podrá limpiar la pintura que ha caído.

- Cuando una persona deja mal olor en el baño, encienda un fósforo y déjelo consumirse e inmediatamente pasará el mal olor.

- Cuando quiera ver los vidrios de su casa brillantes, límpielos con agua y vinagre.

- Cuando el piso es de ladrillo, rociar antes de barrer para evitar que se levante polvo.

- Contra las cucarachas, rocíeles gasolina con un atomizador. Tenga cuidado con el fuego para evitar un accidente.

- Cuando se tienen animales domésticos, es necesario e higiénico mantenerlos en perfecto estado de limpieza.

- Es necesario hacer aseo diariamente.

- Es norma de aseo y de cortesía, cuando una persona se levanta de la cama, dejarla enfriar para luego tenderla.

- El agua en que se ha puesto a cocer cebollas, es maravillosa para limpiar marcos dorados.

- Mantenga los sifones tapados para evitar que los zancudos pongan allí sus huevos.

- El cobre debe limpiarse con limón y sal, luego se le saca brillo con un lienzo suave y aceite de comer.

- Es aconsejable mantener la basura tapada, para evitar malos olores.

- El agua oxigenada blanquea el marfil viejo y quita manchas de sangre.

- Las pantallas de vidrio deben lavarse con agua tibia y detergente suave. Se secan con una tela que no deje pelusa.

- Los libros deben limpiarse dos veces al año en forma completa, sacarlos de los estantes, quitarles el polvo y si son encuadernados en tela, cepillarlos y colocarlos nuevamente en la estantería.

- Las telarañas se deben limpiar con frecuencia, porque dan aspecto de desaseo y abandono.

- Las esponjas grasosas deben lavarse con agua y vinagre.

- Los limpiones deben ser de tela que absorba fácilmente los líquidos.

- Limpiar las lámparas de cristal con alcohol puro, luego con un trapo limpio.

- Limpiar con amoníaco y formol las zonas donde se alojan zancudos, cucarachas y otros insectos; hacerlo una vez por semana.

- Limpiar oro con migas de pan y sacar brillo con trapo seco.

- No es conveniente dormir con plantas dentro de la habitación.

- Para limpiar paredes grasosas, estregar con agua caliente, desinfectante líquido y jabón en polvo.

- Para desmanchar gradas y baños se deben lavar con agua, detergente y desinfectante líquido; lavar luego con suficiente agua limpia.

- Para limpiar el polvo, primero es aconsejable barrer.

- Para que el cesto de la basura no huela mal, los residuos han de echarse en bolsas y se sellan.

- Para limpiar las bombillas, han de estar frías y se les pasa un algodón con alcohol.

- Para limpiar el mármol, empape un paño en agua oxigenada y amoníaco mezclados por partes iguales, frotarlo, dejarlo secar y brillar.

- Para que los vidrios no se vean empañados, limpiarlos con papel periódico húmedo.

- Para limpiar las alfombras se utiliza varsol.

- Para lavar utensilios de plata, se hace con agua caliente en la que se ha puesto un poco de amoníaco.

- Para brillar objetos de cobre, frótelos con una rodaja de limón espolvoreada con una pizca de sal fina.

- Para limpiar el cuero, se desempolva, se bate una clara de huevo al punto de nieve, se frota con ésta hasta que seque y luego con otro paño seco se le saca brillo.

- Para limpiar el bronce se lava con un cepillo húmedo en agua tibia y amoniaco (una cucharada sopera por cada litro de agua).

- Para limpiar el estaño, se utiliza petróleo crudo y luego se frota con una gamuza.

- Para limpiar el zinc, se frota con un cepillo humedecido en agua jabonosa y se pule con un producto para acero inoxidable.

- Para sacar el brillo al acero inoxidable, frotar con un trapo humedecido en líquido para frenos.

- Para proteger contra la oxidación el hierro y el hierro fundido, untarlos con grasa, puede ser vaselina.

- Para el brillo de los objetos de cobre ennegrecidos, se frotan con cuidado con un trapo mojado en leche y después con trapo seco.

- Para sacar manchas de las alfombras, use champú en estos casos. Limpiar luego con trapo bien húmedo.

- Para quitar las manchas a los recipientes de plástico, frotarlas con bicarbonato, luego lavar con suficiente agua.

- Para que la cama o el baño huelan bien, coloque pequeños jabones debajo del colchón y en el baño.

- Para que brillen los vasos de cristal, lavarlos con agua y una pizca de bicarbonato.

- Para que dure más tiempo una escoba, métala en agua salada unas horas antes de usarla. Déjela secar al sol y utilícela.

- Recuerde que el inodoro debe permanecer limpio y tapado.

- Recuerde que es necesario emplear los ratos de ocio en algo que tienda a embellecer su hogar.

- Todos los días se debe cambiar el trapo de limpiar en la cocina.

- Toallas para limpiar el maquillaje, pueden ser desechables. Otras personas las prefieren de tela afelpada. Para lavarlas bien, primero se utiliza agua caliente y jabón, luego se hierven en agua con vinagre.

Las manchas

De huevo:
- Remoje con agua fría y luego trate con agua jabonosa y un poco de amoníaco. También aplicar un poco de sal sobre la mancha y cepillarla cuando esté seca.

De orina:
- Lave con agua fría y amoníaco, luego con agua y jabón.

De sangre:
- Lave con agua fría y jabón. El agua caliente fija la mancha de sangre.

De sudor:

- Lavar con agua amoniacada.

En telas delicadas:

- Agua amoniacada y gotas de limón.

En lana:

- Déjela varias horas en agua fría y vinagre blanco. Enjuague luego.

De leche:

- Si la mancha es reciente, lave con agua y jabón, si es antigua frote con glicerina; luego lave común y corriente.

De vómito:

- Remoje la prenda con bicarbonato y agua caliente antes de lavarla.

De papel carbón:

- Frote con jabón y luego enjuague con agua que contenga amoníaco.

De chicle:

- En una prenda de vestir, frótele clara de huevo con un cepillo de dientes.

- Frote el chicle con un cubo de hielo y cuando el chicle esté duro ráspelo con la punta de un cuchillo, si queda rastro sobre la tela use unas gotas de tiner o trementina; luego lave con agua y jabón.

- También colocar la prenda en el congelador durante la noche y aplicar el proceso anterior.

De nicotina:

- Sobre tela: frotar con alcohol hasta que desaparezcan.

- Nicotina en las manos: lave con jugo de limón.

- Nicotina en los dientes: cepíllelos en seco con carbón pulverizado.

De aceite de carro:

- Se le echa a la mancha aceite de cocina, luego se le echa talco seco y se lava con agua y jabón.

De vela de cera:

- Se coloca debajo de la mancha una toalla seca, encima se le coloca un papel periódico, y se le pasa la plancha bien caliente; la mancha queda en el papel.

De pintalabios:

- Se ablanda con vaselina, luego se lava con agua caliente y jabón. Si es tela no lavable, después de aplicar vaselina se limpia con tetracloruro de carbono.

De carburo:

- Se quitan con una escoba seca, porque el agua lo afirma más en el piso.

De óxido:

- Se le echan unas gotas de limón, se le coloca un trapo blanco encima y se le pasa una plancha caliente.

De labial:

- Se frota la mancha con una rebanada de pan blanco hasta que salga parte del color, luego se lava suavemente con jabón de baño y agua.

De sábila:

- Se le echa limón y sal, se pone al sol fuerte y encima un vaso de vidrio durante un rato.

De esfero:

- Se echa laca para el cabello o alcohol sobre la mancha y luego se lava con agua y jabón.

De aceite en ropa:

- Talco seco encima de la mancha, luego se lava con agua y jabón de baño.

De grasa:

- Colocar inmediatamente sal fina sobre la mancha, lavar luego con agua y jabón.

De aguacate:

- Se hierve en leche el pedazo manchado. Si lo hace inmediatamente, la mancha desaparecerá.

De plátano, o mamoncillo en ropa blanca:

- Se somete el pedazo manchado a un baño de agua hirviendo con una parte de blanqueador y tres de agua pura; dejarlo cinco minutos en esta solución; lavar con agua fría.

De yeso o cemento en los azulejos:

- Frotarlos con aceite y se les deja toda la noche; a la mañana siguiente se frota con lienzo limpio para sacar brillo.

En la madera:

- Por ningún motivo se debe limpiar con alcohol.

De humo en las chimeneas:

- Se quitan frotándolas con limón.

Anillos dejados por los vasos en las mesas:

- Se les puede borrar colocando papel secante inmediatamente sobre la mancha.

De óxido en sus tijeras:

- Póngalas en bencina y frótelas con trapo seco y suave.

De barniz sintético o pinturas:

- Se quita con aguarrás o trementina. Como queda una mancha aceitosa proceda a quitarla como ya está anotado.

De tinta:

- *De tinta líquida:* si es ropa blanca, cubra la mancha con jugo de limón para que despegue; luego aplíquele sal y derrame sobre la mancha un chorro de leche cruda. Si es en paño o en tejidos de color, frote con un trapo impregnado de alcohol, jabone y enjuague con agua amoniacada.

- *Tinta china:* ablande la mancha con vaselina, luego trátela con gasolina blanca. Si queda una mancha amarillenta, desaparézcala con ácido oxálico (10 gramos por litro de agua).

- *Tinta sobre cuero:* frótelo con medio limón y límpielo luego.

- *Tinta sobre mármol:* trátelo con una mezcla de amoníaco (una parte) y agua oxigenada (tres partes).

- *Tinta sobre papel:* con un gotero deje caer unas gotas de agua oxigenada sobre la mancha y seque rápidamente con algodón.

- *Tinta roja:* unte con mostaza el tejido manchado, déjela obrar durante varias horas, lave con agua y jabón.

- Siempre ensaye el quitamanchas en un lugar que no se note mucho.

El piso

- Para limpiar las paredes del baño, calentar vinagre y pasarlo por los azulejos. Luego frotar con trapo húmedo limpio.

- Para que el piso quede limpio y brillante, trapear con agua y jabón de la tierra. Sacar con agua limpia y trapero.

- Para ahorrar tiempo, cuando se van jabonando las paredes del baño, inmediatamente se enjuagan.

- Para que las escobas, no se dañen, no se deben mojar y manténganse colgadas.

- Para descurtir el piso: en un balde echar agua, desinfectante y bicarbonato. Trapear luego con agua limpia.

- Para que el trapero no huela mal, debe permanecer limpio, torcido y colgado.

- Para que el piso de baldosín brille, trapear con agua, ACPM, gasolina o petróleo.

- Para desmanchar baldosines y azulejos: media taza de vinagre, una taza de amoníaco, 1/4 de taza de bicarbonato de soda y un galón de agua tibia. Aplicar con una esponja o un cepillo viejo y enjuagar. Para los rincones utilice un cepillo de dientes viejo.

- Para que los pisos brillen, se utiliza trapero limpio y bien exprimido.

- Para que los pisos brillen más, un día se pasa el trapero a lo largo y al otro día al través.

- Para desmanchar pisos, se hierve agua con una barra de jabón, se hecha en un balde y se le agrega una copita de petróleo. Con ésto se trapea y luego se saca con agua limpia y trapero semiseco.

La nevera

- En la nevera sólo deben guardarse alimentos sanos y frescos.

- En el congelador deben guardarse alimentos congelados por un tiempo máximo de dos semanas.

- Debajo del congelador debe guardarse carne cruda por un tiempo de tres a cuatro días y pescado crudo por uno o dos días.

- En la zona central de la nevera se guardan alimentos cocidos fríos.

- Las verduras deben guardarse limpias y en bolsas plásticas.

- Nunca guardar en las neveras papas, nabos, cebolla, ají, plátano, naranjas, peras, o queso fermentados.

- Para que la nevera no huela mal, limpiarla con un trapo empapado en vinagre.

- Las bananas se ennegrecen con el frío. No las guarde en la nevera.

- Si los limones se ponen en la parte alta de la nevera, se deshidratan y endurecen.

- Las frutas pierden sabor si se sirven muy heladas, por eso deben sacarse con suficiente tiempo antes de comerlas.

La ropa

Sus vestidos deberán destacar sus mejores cualidades, acentuar su personalidad, y ser adecuados para cada ocasión. El vestir bien es cuestión de buen gusto. El buen gusto no se hereda, se puede adquirir, pero se requiere cuidado, atención, estudio y práctica en los cambios de la moda. Para que la ropa permanezca en buen estado por más tiempo, se sugiere aplicar algunos secretos, fruto de la experiencia.

- Antes del lavado, remiende la ropa que tenga desperfectos para que no aumente su daño.

- Cuando una costura se corre, se le pasa otra costura, un poco más adentro de la primera, se desbarata la costura no necesaria, se abre la costura y se le echa esmalte transparente, dejar secar.

- Cuando el cuello de una camisa está algo gastado, se puede voltear.

- Cuando lave las prendas tejidas, secarlas sobre una superficie plana. No colgarlas.

- Cuando almidone una prenda agréguele un poquito de sal para que al planchar no se pegue la plancha.

- Cuando se trabe una cremallera, se le echa mina de lápiz para papel.

- Cuando se mancha una prenda de vestir, inmediatamente, se sumerge en agua limpia durante un rato.

- Conecte la plancha cuando tenga lista toda la ropa.

- Cuando se dora un poco la ropa al plancharla, se humedece la mancha con agua fría, se le hecha sal fina y se pone al sol. Luego se lava con agua.

- Cuando escurra la ropa, hágalo en forma longitudinal, no retorcer porque las fibras se pueden dañar.

- Cuando guarde su ropa, hágalo solamente si está limpia. Las polillas atacan generalmente las partes sucias.

- Cuando utilice detergentes, sea cuidadosa y moderada, para que sus prendas tengan vida más útil.

- Cuando limpie una mancha, cuelgue la prenda déjela secar al aire.

- Cuando vaya a planchar su ropa, humedézcala antes, para que quede mejor realizada esta labor.

- La ropa sucia no se debe guardar, hay que lavarla lo más pronto posible.

- Las labores de tejido requieren un recipiente de boca ancha y es mejor sacar el hilo por la punta que está en el centro.

- La ropa fina nunca debe secarse al sol.

- La ropa de colores fuertes no debe secarse al sol.

- Los lugares para guardar la ropa deben ser resguardados así quedará protegida del polvo y los bichos.

- La ropa fina nunca se debe lavar con detergentes, es aconsejable lavar con jabón de baño.

- Los bordados deben plancharse al revés y sobre una toalla afelpada. Si está muy arrugado, se pondrá sobre el revés de la tela un trapo mojado con agua fría y se le pasa la plancha.

- No desperdicie los pedazos de jabón, se echan en una bolsa de franela a hervir, cuando esté blandito, se echa la bolsa en agua fría y queda una bola compacta que se puede utilizar completamente.

- Nunca echar blanqueador a la ropa de color porque se mancha.

- Nunca guardar la plancha estando caliente.

- No enrolle el cable alrededor de la plancha estando caliente, pues el cable puede derretirse fácilmente.

- Polillas: para alejarlas de los armarios, coloque en su interior pequeñas bolsas con corteza seca de limón.

- Para enhebrar una aguja, echar laca a la punta del hilo. Así será más fácil.

- Plancha con almidón: frótela con paño humedecido en vinagre. Luego límpiela con un trapo seco.

- Para que el negro de una prenda se conserve, luego de lavarla meterla cinco minutos en agua con hojas de higo.

- Para guardar la ropa, cuando se dispone de poco espacio, a las toallas, plánchelas, dóblelas, enróllelas y colóquelas en las gavetas. Se ahorra mucho espacio.

- Para el mejor cuidado de la ropa de nylon, antes de lavarla, remójela en agua con bicarbonato. Así evitará que tome un color amarillento.

- Para evitar el áspero de las toallas, dejarlas de un día para otro en agua con sal.

- Para lavar separe la ropa blanca de la ropa de color.

- Para lavar la ropa que mancha, hágalo con sumo cuidado.

- Para lavar la ropa fina, coloque un trapo sobre el lavadero, o lávela a mano dentro de un platón.

- Para que las carpetas de hilo queden lo mejor presentadas posible, se enjuagan en almidón de yuca clarito, se extienden al sol y se planchan húmedas, por el revés buscando que conserven su forma.

- Para desmanchar la parte de una prenda que queda debajo de las axilas, se le echa agua babeada y jabón, restregando repetidas veces.

- Para despercudir una prenda de ropa blanca, después de lavarla con agua y jabón echarle un poco de azúcar y bicarbonato. Luego se enjuaga.

- Para quitar las manchas de óxido de una prenda de vestir, se aplica sal y limón a la mancha, se deja un rato al sol, luego se lava con agua y jabón; la mancha desaparece.

- Para despercudir prendas de hilo blancas, se utiliza jabón de la tierra, dejándolas un rato en remojo. Se enjuagan luego.

- Para quitar barro de la ropa, se deja secar, luego se retira el barro con un cepillo y se lava con agua y vinagre por partes iguales.

- Para planchar prendas de vestir oscuras, en cambio de trapo, utilizar papel periódico, evita que se les pegue mota.

- Para lavar prendas de seda, es mejor utilizar agua fría y al enjuagar echarle unas gotas de limón.

- Para que el quiebre del pantalón quede bien hecho, se humedece con agua y se le pasa la plancha caliente, con trapo.

- Para que los pantalones no se vuelvan brillantes, planchar con trapo.

- Para que las prendas tejidas no se deterioren, no plancharlas.

- Para planchar la ropa fina, debe hacerse al revés.

- Para limpiar la plancha, se frota con esponja de acero y detergente, luego se pasa un trapo mojado, todo esto estando la plancha fría.

- Para limpiar la plancha, estando caliente, se le echa cera blanca de vela y se pasa un trapo viejo hasta que quede perfectamente limpia.

- Para que no destiñan los jeans al lavarlos, antes de usarlos, déjelos 12 horas en agua fría bien salada y el color se fijará.

- Para que los pantalones no se arruguen en la maleta, guardarlos enrollados.

- Para quitar el quiebre de un dobladillo, se le va echando agua helada y se le pasa la plancha bien caliente, con trapo.

- Para que el quiebre de un pantalón quede bien hecho, humedecer con vinagre blanco el trapo de planchar y pasarle la plancha caliente con trapo. Lo mismo se hace para borrar un quiebre mal hecho.

- Para evitar que la ropa se manche con óxido, no utilizar percheros metálicos, si hay humedad.

- Para quitar la grasa de carro de una prenda de vestir, se le echa encima mantequilla, se le deja un momento, después se le echa jabón y agua y sale la grasa.

- Polillas en la ropa: espolvoree con bórax la ropa de lana que se va a guardar durante algún tiempo.

- Una prenda de color no debe colocarse jabonada al sol, porque se decolora.

Principios esenciales para planchar

- Se empieza a planchar por las partes exteriores (volantes, encajes, cinturones) y por las partes dobles (cuellos, puños, bolsillos, costuras, adornos) primero por el revés, luego por el derecho.

- Se plancha siempre en sentido del hilo de trama, pues así se deforma menos.

- La prenda debe colocarse de modo que no estorbe mientras se plancha.

- En caso de que al planchar se dore la ropa, se pasa sobre la parte afectada un algodón empapado en agua oxigenada y se plancha luego con trapo húmedo y se termina de secar con la plancha.

- La ropa se dora por la plancha muy caliente o por no haberle sacado bien el jabón.

- Si quiere que su plancha resbale fácilmente por encima de la ropa, agregue sal en el último enjuague.

- La raya del pantalón se hace colocando una costura sobre la otra y se debe planchar a través de un trapo húmedo.

- Si quiere que la raya del pantalón quede más visible echarle agua con vinagre blanco.

- Después de lavar los pañuelos, si quiere evitarse la planchada, puede pegarlos bien mojados sobre una superficie bien plana como el vidrio de una ventana o el azulejo del baño.

- El algodón debe plancharse bien húmedo y con la plancha caliente hasta secarlo completamente.

- Si las prendas de algodón son de colores oscuros, deben plancharse al revés o con un trapo.

- El lino: Planchar el tejido húmedo, la plancha caliente y la prenda al revés.

- La seda: nunca debe rociarse porque se llena de manchas. Cuando hay necesidad de humedecer, planchar con trapo y calor suave.

- La lana: Se plancha seca, utilizando un paño húmedo y plancha regulada para lana.

- La pana o corduroy: mejor no plancharla, sino cepillarla, colgada en un gancho, mientras está húmeda, siempre en el sentido de la tela. Si es necesario plancharla, hágalo cuando esté seca, use un paño húmedo, coloque el derecho de la pana contra una manta gruesa y pásele suavemente la plancha al revés.

- Las corbatas se planchan con trapo húmedo, de derecha a izquierda.

- Cuando la ropa esté húmeda o caliente no la amontone porque se daña la labor de planchado, e impide que salga la humedad.

- Un buen planchado de su ropa resultará fácil si se dispone de una mesa adecuada.

- Los hombros y mangas requieren atención especial.

- El uso de luz adecuada contribuye a que el planchado quede bien.

-El cable de la plancha debe serlo suficientemente largo para permitir comodidad en los movimientos.

- Empiece por las prendas que requieren menos calor.

- Prepare la ropa con anticipación: voltearla al derecho y humedecerla un poco.

- Los bordados se planchan colocándoles encima una toalla bastante gruesa.

- Cuando hay necesidad de planchar una prenda tejida, sujétela con alfileres para que no pierda la forma.

- Cuando se plancha una camisa de hombre, se debe tener cuidado de no dejar arrugas en el cuello, para ello se plancha hacia adentro.

- Utilice calor moderado para no correr el riesgo de quemar la ropa.

- Para limpiar la plancha se usa un estropajo mojado en bicarbonato estando la plancha tibia.

- Para quitar de la plancha el dorado que producen los residuos del jabón, límpiela estando fría, con un algodón impregnado de vinagre y sal.

- Para la ropa que no se plancha, basta extenderla sobre una mesa, alisarla con la mano y doblarla cuidadosamente.

- Enchufe la plancha en un toma más alto que la mesa para que al planchar no entorpezca los movimientos.

- Si de pantalones se trata, planche primero la pretina y los bolsillos.

Las medias

Son parte esencial del vestir femenino, por lo tanto uno de los accesorios que se debe tener muy en cuenta. La finura de las mismas ha de estar de acuerdo con la ocasión y al modelo que lleve. Evite elegir medias que sobresalgan demasiado con respecto al tono del vestido.

- Las medias de nylon siempre se lavan con agua fría.
- Las medias nunca se planchan.
- Las medias de nylon nunca se deben secar al sol.

- Para despercudir medias blancas, se machaca tabaco, se revuelve jabón de lavar y agua, se restregan y se dejan en remojo al sol, luego se enjuagan.

- Para que las medias pantalón tengan más duración, se lavan con agua y jabón de baño, se echan en una bolsa plástica y se meten al congelador durante tres horas. Se sacan y se ponen a secar en la sombra.

- Para que las medias pantalón no se rompan tan fácil, usarlas al revés.

Los muebles

Hay muebles acogedores y cómodos, hay muebles que despiden. No es imprescindible que los muebles sean modernos, pueden ser discretos, pero deben hallarse en buen estado y distribuirlos en el espacio apropiado. Requieren atenciones y cuidados.

- Cuando los muebles de mimbre se oscurecen, se deben limpiar frotándolos con limón.

- Cuando los muebles son de mimbre, quitarles diariamente el polvo con cepillo.

- Para que sus muebles de acero inoxidable permanezcan brillantes, límpielos con un paño seco y cemento blanco.

- Para alejar de los muebles el comején, se les echa petróleo revuelto con trementina y naftalina.

- Para limpiar muebles y puertas barnizados, hágalo con champú para el cabello y sáqueles brillo con un paño limpio y seco.

- Para muebles de mimbre amarillento, lavarlos con una solución de aguasal.

- Para mantener presentables sus muebles, con cierta frecuencia se deben desempolvar.

- Para limpiar muebles de metal inoxidable, lavarlos con agua tibia y jabón.

Los zapatos

El calzado es uno de los elementos básicos del atuendo. Los zapatos y los bolsos deben estar de acuerdo con el color de su ropa.

La primera consideración al elegir zapatos es la comodidad; los otros factores son: la ocasión en que hay que llevarlos y con qué ropa hay que colocárselos.

Seguidamente encontrará algunos consejos claves para mantener presentable su calzado por más tiempo.

- Betún: cuando el betún se seca, basta echarle un poco de vinagre para suavizarlo y luego se podrá usar perfectamente, también se le echan unas gotas de limón o de leche caliente.

- Los zapatos deben permanecer limpios y embolados.

- Para que el calzado se mantenga bueno por más tiempo, no guardarlo sucio ni húmedo.

- Para suavizar los zapatos que aprietan, se meten en una bolsa plástica durante un día en el congelador.

- Para limpiar bolsos y zapatos de cuero blanco utilice algodón empapado en leche. Limpia, brilla y da suavidad.

- Para que los zapatos de charol negro no se agrieten, humedezcan un algodón en cerveza, páselos a los zapatos y déjelos secar, frótelos con una gamuza. Quedarán brillantes.

- Para quitar rayones en zapatos de cuero, limpiarlos con un algodón empapado en crema de manos. Limpiar luego con un paño seco.

- Para que los zapatos no ensucien la ropa en la maleta se echan en una bolsa plástica.

- Para que los zapatos permanezcan en orden, se deben colocar siempre en su respectiva bolsa.

- Para arreglar zapatos de cuero negro pelados por el uso, se limpian con trapo húmedo, se dejan secar y se les echa suficiente betún negro, especialmente en donde estén pelados y se les acerca con cuidado un fósforo encendido, se hace esto hasta que el betún quede completamente fijo. Luego se embolan.

- Para despercudir zapatos tenis blancos, se lavan con jabón de la tierra, dejándolos un buen rato al sol en remojo, luego se enjuagan y se ponen a secar al sol.

- Para mantener los zapatos de charol con muy buena presencia, limpiarlos con leche cruda.

- Para limpiar zapatos de charol, utilice clara de huevo batida al punto de nieve, pasarles luego un trapo seco.

- Para prevenir las arrugas en el calzado cuando se haya mojado, y evitar que se deforme, rellene las puntas de los zapatos con papel o tela. Cuando estén secos recuperarán la forma.

- Para que los zapatos tenis no huelan mal y el pie transpire menos, cada vez que se laven y estén completamente secos, debe echar dentro de los zapatos un poco de bicarbonato, esparcido como si fuera talco.

- Para limpiar los zapatos blancos primero se frotan con crema dental y luego con trapo húmedo. Dejarlos secar.

- Para limpiar los zapatos de gamuza, se deben cepillar a contrapelo con un cepillo metálico fino. Si los zapatos tienen manchas se pueden frotar éstas con un papel de lija muy fino.

2. La cocina

La cocina es uno de los centros favoritos de reunión de toda familia, y donde se pasa gran parte del tiempo. Por eso, debemos procurar que sea un lugar alegre y acogedor. Una mesa es imprescindible, ya que nos saca de todo tipo de apuros.

La cocina es la que produce el inconfundible aroma de hogar; es a la vez una minitienda de abarrotes, con su armario lleno de condimentos, cereales, algunos enlatados, hierbas de olor listas para ser cortadas y agregadas a una receta especial.

Si a usted le gustan las cosas clásicas, su cocina será tradicional y con sólo colocar una cesta con las legumbres y las frutas en un lugar de ella, le dará ese toque singular.

Algunas amas de casa llevan a la práctica ciertos secretos utilizados por las abuelas durante décadas y con magníficos resultados en la sazón como en la presentación de alimentos. Quise rescatar algunos de ellos y dejarlos consignados a continuación.

El arroz

Este cereal es originario de la India, trasportado a América por nuestros colonizadores; exige clima cálido. Rico en almidón y otros componentes. Es empleado en la alimentación diaria.

- Arroz seco: para que no se pegue, colocar debajo de la olla una tapa o una lata y se cocina a fuego lento.

- Cuando el arroz seco queda salado, echarle una pizca de azúcar.

- Cuando se ahuma el arroz seco, se le hace un hueco en el centro y se le coloca dentro un gajo de cebolla junca; también se le puede meter un cuchillo en el centro, o colocar encima de la olla un plato de pedernal con agua fría.

- Cuando sirva arroz con pollo acompañado de vino, prefiera el vino rosado.

- Cuando sirva arroz con mariscos o pescado acompáñelo de vino blanco. Si es una paella se sirve vino rojo.

- Cuando esté finalizando la cocción del arroz, es conveniente agregarle 15 gotas de jugo de limón, éste ayuda a abrir más el grano y queda suelto.

- Para que el arroz seco quede de mejor sabor, se le debe agregar cebolla, tomate y perejil.

- Si el arroz seco se sala, se pela una papa, se parte en cruz y se le introduce en la mitad del arroz y se tapa. La papa recoge la sal.

Para que el arroz quede en su punto:

- El arroz se pega en el fondo cuando la olla está demasiado usada o es de aluminio muy delgado. Debe escogerse una olla de aluminio grueso o de teflón.

- Cuando se prepara el arroz debe mantenerse la olla destapada hasta que haya consumido parte del agua. En ese momento se le baja la temperatura y se tapa.

- El echarle demasiada grasa puede ser causa por la cual se pega en el fondo.

- El arroz queda demasiado mojado cuando se le echa más agua de la que indica la receta.

- El arroz al lavarlo pierde parte del almidón que contiene y queda más suelto al sudarlo.

- Antes de secar el agua pueden agregarse uvas pasas.

- Cuando el arroz está seco puede aderezarse con queso parmesano.

- Al arroz seco corriente se le puede agregar jamón picado, espárragos y crema de leche.

- Para hacer arroz con verduras cuando el agua está hirviendo puede agregársele zanahoria rallada o picada en trocitos, arverjas frescas desgranadas, habichuela picada y cubos de caldo para mejorar el sabor.

El arroz seco se puede guardar:

- Cuando sobra arroz se guarda en nevera, tapado y cuando esté completamente frío. Puede durar de un día para otro.

- Para calentar nuevamente hay que rociarlo con agua, taparlo y ponerlo a fuego lento, teniendo la precaución de remover con un tenedor para que quede suelto.

Las carnes

Recomendadas como uno de los alimentos más completos, son consideradas fuentes alimenticias de la humanidad. Tradicionalmente la carne ha hecho parte del menú diario. Este exquisito alimento proporciona variadas recetas y vale la pena conocer algunos secretos para su conservación y preparación.

- A la carne se le debe agregar sal dosificada.

- Al jamón crudo se le quita la sal, dejando las porciones una o dos horas en leche fría antes de freírlas.

- Cuando se forma moho en la cubierta del salchichón se limpia con un lienzo empapado en agua salada, frotándolo recuperará su apetitoso aspecto.

- Carne de cerdo: para comprar buena carne de cerdo debe tenerse en cuenta que el color sea muy claro, nunca oscuro, porque esto es indicio de que el animal estaba viejo.

- Cuando quiera chicharrón blando, primero se echa a cocinar la garra en la olla a presión con un "alkaseltzer", durante 10 minutos contados a partir del momento en que empieza a pitar la olla, se deja enfriar, se fríe y se le echa sal al gusto y una pizca de cominos.

- Cuando el pollo es asado, sólo se debe partir en presas a la hora de servir.

- Cuando se va a fritar pescado, el aceite debe estar hirviendo antes de echarlo a la sartén. Evitar mover el pescado hasta que desprenda solo.

- Cuando se cocina el pollo para guardar en nevera, se debe dejar enfriar completamente y envolver en papel de aluminio.

- Cuando vaya a fritar carne, echarle una pizca de azúcar esto le da un color llamativo.

- El pescado está contraindicado para las personas que sufren del hígado, de los riñones o de alergias.

- El caldo en que se cocina un pollo se guarda en un recipiente bien tapado, en la nevera y sirve de base para hacer salsa, sopas o como consomé.

- El salchichón después de cortarlo, no se resecará si se le pone un poco de aceite o de mantequilla y se envuelve en papel acerado.

- Las carnes bien condimentadas o algo grasosas se sirven acompañadas de jugos ácidos.

- La carne molida sobrante ya cocinada se puede mezclar con salsa y arroz, sirve para rellenar empanadas.

- La carne de cerdo puede conservarse en nevera máximo dos días.

- La carne de cerdo puede conservarse congelada máximo 20 días.

- La carne de ternera en buen estado es de color rosa claro, no debe estar oscura, ni presentar tonos parduzcos.

- La parte más indigesta del pescado es la piel. Por eso se le debe quitar.

- La carne dura se pondrá más tierna, si antes de asarla se deja unos minutos en una cacerola con vinagre.

- La carne se descongela rápidamente si se pasa por agua con vinagre.

- Las carnes toman buen sabor cuando se las sazona con tomillo, orégano, laurel, ajo y cebolla.

- Los pescados pequeños deben fritarse enteros, los grandes en rodajas.

Los sesos: deben retirárseles todas las venitas y empacados solos (congelador).

- Los riñones: Se les retira la grasa, las arterias, se lavan y se secan muy bien; se guardan en bolsa plástica en el congelador.

- No cocinar carnes echándolas en agua caliente quedan crudas.

- No cocinar pescado echándolo en agua caliente porque queda crudo.

- No eche sal a los alimentos que vaya a congelar porque el frío intensifica los sabores; y se daña la nevera.

-No dejar que las carnes rojas y blancas congeladas lleguen a la temperatura ambiente, sino cocinarlas aún estando frías.

- Para sacarle la sal al pescado, echarlo durante cuatro horas en agua con bastante jugo de limón.

- Para que la gallina ablande más rápido y quede más sabrosa, colocarle perejil y gajos de cebolla por dentro, cuando se coloca al fogón.

-Para quitar la sal a los langostinos, déjelos en agua con bastante sal durante la noche.

- Para que no se revienten los chorizos al cocinarlos echarles un poquito de agua y punzarlos.

- Para que la carne frita quede más sabrosa, machacarla un poco antes, condimentarla con ajo, cebolla, cominos, color y una pizca de pimienta.

- Para quitar el olor a pescado de los cubiertos y las manos, frotarlas con corteza de limón.

- Para que los chorizos queden de mejor sabor, cocinarlos en cerveza.

- Para el buen sabor del cabro, adobarlo con cerveza, cominos, pimienta, dos tragos de vino, un trago de vinagre, color y sal al gusto.

- Para que la carne no se congele demasiado, échele aceite antes de guardarla.

- Para dar buena presentación, y sabor apetitoso de las carnes de res, pollo, cordero o cerdo, frotarlas con pimentón.

- Para sacar la sal al pescado, se sumerge en agua con un carbón vegetal durante cuatro horas.

- Para comprar pescado, se debe tener en cuenta que esté dura su carne; si se trata de un pescado entero debe tener los ojos saltones, las agallas rojas y las escamas apretadas y brillantes.

- Para que el pollo quede más sabroso y jugoso, después de lavarlo y antes de la cocción, frótelo con limón.

- Para que la carne no quede dura, déjela reposar durante 20 minutos en jugo natural de papaya.

- Para que el hígado quede más sabroso, remojarlo un par de horas en leche o en jugo de tomate.

- Se sabe que un pescado está suficientemente cocido cuando la carne se separa sin dificultad de las espinas.

- Si va a guardar carne por más de dos semanas en el congelador, envuélvala en papel de aluminio para que conserve sus propiedades nutritivas.

- Si cocina la carne durante mucho tiempo, perderá casi todo su contenido nutritivo.

- Si quiere que la carne frita quede jugosa, pasarla por harina de trigo antes de fritarla.

- Todo pescado se hunde en el agua, cuando está fresco.

- Todo pescado flota cuando comienza a descomponerse.

Los condimentos

Son sustancias aromáticas que se agregan a los alimentos para aderezarlos y darles mejor presentación y sabor.

Los condimentos que más comúnmente se utilizan son: el ajo, la cebolla, las hierbas perfumadas y frescas como el perejil, la albahaca, la menta y el estragón; hierbas aromáticas secas como el tomillo, el laurel, la salvia, las especias: el pimentón, la nuez moscada, el clavo de olor, pimienta blanca o negra. Se deben utilizar con máxima prudencia, porque el exceso de cualquier condimento puede arruinar una receta.

- El ajo para que sea de fácil digestión hay necesidad de machacarlo. Sirve para condimentar carnes.

- El ajo tiene un aroma muy fuerte y gran sabor. Sirve para dar más gusto a salsas y rellenos. Contiene una esencia sulfúrea excitante y vermífuga.

- El perejil bien picado se utiliza para salsas y mejorar el sabor de las sopas.

-El perejil no se debe picar con el cuchillo sino con la mano para que no se amargue su sabor.

- El azafrán es un condimento que da color a muchas preparaciones y a algunos arroces.

- El anís se utiliza en semilla para algunos dulces y galletas.

- El perejil y el cilantro no deben cocinarse con sopas, se agregarán cuando se van a servir.

- El perejil se conserva más tiempo, guardado en nevera en un recipiente con agua que cubra el tallo.

- El clavo de olor puede emplearse en polvo o entero en carnes de cerdo, dulces y postre.

- La cocina familiar utiliza moderadamente los condimentos exóticos.

- Los condimentos grasos son: el aceite, la manteca y el tocino.

- La nuez moscada, los clavos de olor y la canela se guardan molidos. Utilizarlos pronto porque pierden aroma.

- Las hierbas como el tomillo, laurel, albahaca, romero, mejorana, salvia se emplean para sazonar carnes asadas, pescados y verduras.

- Las especias deben utilizarse con prudencia. Demasiada cantidad hace inapetecible la comida.

- Las hojas de laurel, grano de pimienta o canela dan sabor y aroma, se cocinan junto con la comida, pero deben retirarse antes de servir.

- No utilice hierbas o condimentos viejos en preparación de comidas.

- Para que el perejil o el cilantro permanezcan frescos, se les queman las raíces secundarias y se meten en agua fresca, la cual debe cambiarse todos los días.

- Para que al machacar los ajos, no se deslicen, echarles un poquito de sal y utilizar cuchara de palo.

- Para que la cebolla se conserve fresca durante más tiempo debe cortársele un poco la hoja y ventilarla.

- Si se le pasó la mano al cocinar con ajo, póngale perejil eliminará el excesivo sabor.

- Siempre debe conservarse cada especia en un recipiente de vidrio herméticamente cerrado.

El café

Oriundo de Arabia, se esparció por todo el Oriente, pasó a Europa y América del Sur.
El café es la semilla del cafeto; bebida que se hace por infusión, excitante del sistema nervioso.

Este producto ha constituido durante los últimos años el primer renglón agrícola nacional; su exportación es representativa en la entrada de divisas y en la economía general del país. El café de Colombia es el mejor del mundo por su sabor y calidad.

Algunos secretos relacionados con esta bebida, la hacen exquisita al paladar:

-Cuando prepare café déjelo reposar, luego cuélelo.

-Debe evitarse recalentar el café porque hace daño.

-El café queda más sabroso, endulzado con panela.

-Mantener el café tapado para que no pierda su aroma.

- Para que el tinto quede más sabroso, agregarle una pizquita de sal.

- Para que las cafeteras no huelan mal, se guardan secas y con un cubo de azúcar por dentro.

- Para que el café se aclare, cuando haya hervido, se baja y se le echa un poco de agua fría y se tapa.

- Para conservar por más tiempo el café con todo el aroma, una vez abierto el envase del café, taparlo y guardarlo en la nevera.

- Si quiere que el café no se enfríe demasiado pronto, llene los pocillos con agua bien caliente; cuando el café esté listo, desocupe las tazas y sirva aquí el café, permitirán conservar más tiempo el café caliente.

El vino

La vid, arbusto de la familia de las viteas, da un fruto llamado uva, de cuya fermentación resulta el vino; bebida más o menos alcohólica y en consecuencia tónica, pero si se abusa de ella determina graves trastornos en el organismo, aparte de los repugnantes efectos de la embriaguez.

- Cuando adquiera un vino, recuerde que debe dejarlo reposar un poco antes de servirlo.

- Deje la botella de vino en un lugar oscuro a temperatura constante, durante un mes.

- Saque la botella varias horas antes de servirlo para darle tiempo de adaptarse a la temperatura ambiente.

- En ningún momento debe darle a la botella la luz del sol o una luz fuerte.

- La botella de vino debe estar lejos de la estufa, cocina o grifo de agua caliente.

- Evite los movimientos bruscos al manejar la botella.

- Cuando destape la botella de vino no debe haber olores fuertes cerca.

- Destape la botella en el comedor antes de empezar la comida.

- Saque el corcho a la botella de vino con sumo cuidado para que el aire penetre poco a poco.

- El vino debe tener un olor fresco, nada de acidez.

- El buen vino observado contra luz de una vela debe tener transparencia total.

Los enlatados

- Los alimentos enlatados deben guardarse en un lugar seco y fresco.

- Los alimentos enlatados nunca deben guardarse en nevera.

- Los alimentos enlatados deben mantenerse lejos de calderas, radiadores, fogones y otras fuentes de calor.

- Los enlatados no deben guardarse por mucho tiempo.

- Los enlatados deben tener perfectamente visible la fecha de vencimiento. Revisarla.

- Los enlatados deben ser revisados y comprobar que no tengan averías.

- Los enlatados deben tener apariencia normal, sin abultamiento en ninguna parte.

- Los enlatados deben ser cuidadosamente revisados en cuanto a sabor, color; si se nota alguna alteración, es mejor no consumirlo.

- Si un enlatado tiene la fecha de vencimiento enmendada, no lo consuma.

- Si la parte exterior de un enlatado está golpeada, oxidada o abultada, deseche el producto.

Los fritos

- El aceite de cocina quemado hace daño a las personas.

- Espolvoree sal en el sartén antes de echar grasa y luego se echa el alimento que se va a freír, para evitar que la grasa salpique.

- Para sacar la grasa de las cacerolas, se calienta agua en ellas, antes de lavarlas.

- Para que el aceite no se negree cuando se está fritando algo, echarle un pedazo de cáscara de huevo.

- Para hacer desaparecer el olor que dejan los fritos, bastará quemar cáscaras de naranja con azúcar.

- Para que los fritos no se peguen a la sartén, precaliéntela antes de echarle el aceite y espere hasta que el aceite hierva.

- Para evitar salpicaduras de grasa, añadir un poquito de fécula de maíz a la sartén.

- Para que el aceite caliente no salpique, se le echa un gajo de cebolla junca partido en cruz.

Las frutas

Las frutas aportan variedad y atractivo a la dieta alimenticia, estimulan tanto a la vista como al paladar. Su sabor refrescante se debe al elevado contenido en agua y a la presencia de ácidos suaves. Su dulzura se debe a su contenido en azúcares. La importancia nutricional de las frutas, radica en el contenido de vitaminas, celulosa y fibras vegetales que ayudan al buen funcionamiento digestivo.
Aquí encontrará algunos secretos especiales relacionados con las frutas.

- Cuando quiera madurar un aguacate, envuélvalo en una toalla húmeda y colóquelo dentro de un cartucho o cualquier bolsa de papel.

- Es aconsejable quitar la cáscara al tomate.

- El tomate no debe cocinarse en recipientes de aluminio, pues el ácido que contiene puede producir un cambio de sabor.

- Fresas: para lograr una buena congelación, espolvoree azúcar y métalas al congelador.

- La piña enlatada puede ser reemplazada por la piña natural; se le quita la corteza, el corazón y los ojos; se pone a fuego medio con una taza de azúcar y media de agua, dejándola que se conserve 10 minutos. En esta forma queda con el jugo tal como viene la piña enlatada.

- La piña liga bien con sabores de otras frutas, para preparar ponches, sorbetes y helados.

- La piña es la base de las recetas para los platos agridulces.

- La piña si no ha de consumirse inmediatamente, debe comprarse pintona y dejarla que madure, debe dejársele el penacho.

- La piña es considerada digestivo de primer orden por su fibra.

- Lave las fresas con el tallito adherido que sólo se cortará en el momento de llevarlas a la mesa, para evitar que pierdan jugo.

- Para que la guanábana no se negree, se descascara, se le sacan las pepas y se le echa limón.

-Para que las frutas se maduren rápido se les coloca una manzana madura cerca.

- Para que salga más jugo al exprimir un limón ácido, pasarlo por agua hirviendo.

- Para que el aguacate no se negree se parte sólo unos momentos antes de servir.

- Para escarchar unas uvas frescas u hojas de yerbabuena, se sumergen en clara de huevo y luego se pasan por azúcar. Se utilizan para decorar platos.

-Para desinfectar las frutas, lavarlas con agua y una pequeña porción de vinagre.

- Para que la manzana y el banano picados no tomen color negro se les echa jugo de limón.

- Para la preparación de dulces caseros debe emplearse fruta fresca y absolutamente sana.

Hortalizas y legumbres

Se da nombre de hortalizas a las plantas comestibles que se cultivan en las huertas, por ejemplo: la col, acelgas, espinacas, apio, lechugas, el coliflor, espárragos, tomates, alcachofas, calabazas, pepinos y otras. Las leguminosas son plantas de cáscara o de vaina de dos hojas; contienen una sustancia nutritiva llamada leguminia. Pertenecen a este grupo de vegetales: las habas, los garbanzos, las habichuelas, los guisantes, las arvejas, lentejas, algarrobos y otras.
Las legumbres también contienen almidón, azúcar, hierro, celulosa, minerales y agua.

- Antes de cocinar las verduras, deben lavarse con agua fría.

- Antes de hacer la ensalada, lavar la lechuga con agua fría y echarle unas gotas de limón.

- Antes de cocinar verduras dejarlas un poco en remojo con gotas de vinagre o limón.

- Cuando vaya a comprar zanahoria, fíjese que las hojas estén crespas. Es señal de que están frescas. Si no tiene hojas, las zanahorias deben estar brillantes.

- Cuando se ahúma la yuca, sacarle el agua, echarle nuevamente agua con un poco de sal y colocarla al fuego. Dejarla hervir. Se le va el sabor de ahumado.

- Cuando descascaremos plátanos, frotar las manos con jugo de limón para que no se manchen.

- Cuando compre tomates déjelos madurar a la temperatura ambiente, métalos al congelador y consúmalos pronto porque van perdiendo contenido vitamínico.

- Cuando las papas descascaradas toman color oscuro, se ponen debajo de la llave del agua; el agua fría les devuelve la blancura.

- El plátano no debe echarse en agua fría, porque se negrea la sopa.

- Haga las ensaladas poco antes de consumirlas para que no pierdan valor nutritivo.

- Habichuela: Para cocinarlas y que queden de color verde tierno, agregar al agua de cocción un poquito de bicarbonato.

- La cebolla sirve para complementar ensaladas.

- Las verduras deben cortarse en el momento de echarlas a la olla. Si se cortan con mucho tiempo cambia su sabor y pierden propiedades nutritivas.

- Las verduras se cocinan mejor al vapor.

- Las alcachofas se mantienen frescas metiendo su tallo en agua fría.

- Las papas se echan en agua caliente para que no queden con sabor a tierra.

- Para que la habichuela pierda el sabor amargo, cuando se esté cocinando, echarle una pizca de azúcar.

- Para que la cebolla no deje mal aliento se corta y pone a remojar en agua con vinagre.

- Para que la yuca ablande, se le echan pedacitos de cáscara de papaya a hervir con ella.

- Para ablandar los fríjoles, se les echa un poquito de bicarbonato.

- Para descascarar los tomates se sumergen en agua hirviendo por unos pocos segundos y luego se pasan por agua fría. Así saldrá la cáscara fácilmente.

- Para que las verduras no pierdan el color, cocinarlas sin sal.

- Para eliminar el picante de la cebolla cabezona, echarle agua caliente, luego se escurre, se deja enfriar y se hace la ensalada.

- Para eliminar el picante de la cebolla, echarla en agua con sal, antes de preparar la ensalada.

- Para preparar papas a la francesa se aconseja antes de fritarlas meterlas en agua con sal.

- Para que la yuca quede bien tostada, se aconseja cocinarla con sal al gusto el día antes y echarla a la nevera. Al día siguiente freírla normalmente.

- Para evitar la molestia en los ojos, producida al cortar cebollas éstas deben sumergirse en agua fría una hora antes de picarlas; o también se descascara una papa y se le coloca en la punta al cuchillo con el cual se está cortando la cebolla.

- Para que las legumbres no pierdan su vitamina, hiérvalas en mínima cantidad de agua y utilice el líquido en que las cocinó para preparar sopas y salsas.

- Para avivar el color de las verduras, durante la cocción agregarles una pizca de bicarbonato.

- Para que la coliflor no huela mal al cocinarse se coloca en la olla un poco de pan y de leche.

- Se reconoce que los fríjoles, garbanzos, arvejas y habas secas están en buen estado, cuando se ven brillantes.

- Un día antes de cocinar lentejas, fríjoles o arvejas secas hay que echarlas en agua para que se ablanden.

Los huevos

No cabe duda: de la alimentación correcta en cada etapa de la vida depende el rendimiento físico e intelectual y por tanto la totalidad de la existencia.

Una buena dieta ayuda a conservar una salud óptima. Los principios básicos son conocidos y están al alcance de todos.. La recompensa es grande cuando los hábitos de buena salud son la rutina diaria. La dieta diaria debe incluir alimentos de los siguientes grupos:

- Leche y productos lácteos.
- Carnes, pescado, huevos, aves, leguminosas.
- Hortalizas y verduras.
- Frutas.
- Cereales, tubérculos y plátanos.
- Dulces y postres.
- Grasas.

El grupo de carnes: pescados, huevos, carnes blancas y leguminosas componen la principal fuente de proteínas que el cuerpo requiere para crecimiento y mantenimiento. Estos alimentos suministran también hierro, vitaminas y grasas, excepto los fríjoles y las arvejas secas.

Las sugerencias siguientes prestarán utilidad, son relacionadas con el huevo, alimento básico.

- Cuando vaya a batir claras de huevo, es bueno dejarlas un rato al aire libre. Así quedarán más esponjosas.

- Cuando a un huevo se le agrieta la cáscara, debe envolverse en papel de aluminio, cerrándolo bien por los extremos. Así se facilita cocinarlo sin que le entre agua.

- Cuando vaya a cocinar un huevo y quiere que esté rápido, echarle una pizca de sal al agua.

- Cuando vaya a batir huevos al punto de nieve, sacarlos de la nevera dos horas antes.

- Cuando vaya a batir huevos al punto de nieve, la vasija debe estar seca y limpia, de lo contrario no crecen. Si se les agrega una pizca de sal tendrán más consistencia.

- Cuando los huevos están a temperatura ambiente, pueden batirse mejor.

- Cuando quiera freír un huevo y que no se pegue, espolvoree sal en la sartén; el aceite debe estar caliente.

- Los huevos duros pueden conservarse durante unas horas más sin que la yema se oscurezca, si se colocan en un recipiente con agua fría después de quitar las cáscaras. Quedarán como recién hervidos.

- Para descascarar un huevo cocido y que la clara no se quede pegada a la cáscara, quitar un pedacito de ésta en la parte inferior del huevo y soplar por la abertura, la película que recubre se desprenderá fácilmente.

- Para probar si los huevos están frescos, se sumergen crudos en agua salada, si están frescos se van al fondo, si tienen varias semanas flotan.

- Para que los huevos queden melcochudos, se echan en agua fría y se dejan hervir durante siete minutos.

- Para que los huevos cocidos suelten rápidamente la cáscara, una vez cocidos se echan en agua fría durante siete minutos, se rompe la cáscara y se vuelven a meter en agua, la cáscara suelta en seguida.

- Para asegurarse de que un huevo está fresco, tómelo en las manos y sacúdalo. Si siente que su contenido se mueve dentro de la cáscara no está muy fresco.

- Para que no se rompan los huevos, colocar la parte más ancha hacia arriba.

Los recipientes

Usted más que nadie sabe cuáles son los recipientes de que dispone para las diversas actividades. Lo importante es que además de agradables a la vista, sean prácticos y solucionen sus dificultades. Resuelva el problema de espacio manteniéndolos ordenados y a mano.

- Cuando la olla en que se hierven los biberones se vuelve negra, coja medio limón, exprímalo, agréguele agua y póngalo a hervir en esta olla. Quedará perfectamente limpia.

- Cuando algún alimento se queme en un recipiente de esmalte, en lugar de frotarlo con detergentes, llénelo con agua, agregue sal y permita que hierva lentamente.

- Deben mantenerse limpios los orificios de la olla a presión para evitar accidentes.

- Frascos vacíos: lávelos, séquelos y écheles un poco de bicarbonato para evitar el mal olor.

- La olla a presión debe lavarse con esponja plástica o estropajo y jabón, lo mismo la tapa, la parrilla y el empaque.

- Las botellas de vino se guardan tumbadas, mientras permanezcan sin descorchar.

- La válvula de la olla a presión sólo debe ponerse cuando empieza a hervir y a botar vapor.

- Los recipientes que contienen comida deben permanecer tapados.

- No guardar alimentos en recipientes de aluminio.

- Las manchas de recipientes de plástico desaparecen, frotándolos con bicarbonato, luego se enjuagan.

- Para que una olla no se tizne al cocinar con leña se le unta bastante jabón de barra antes de ponerla al fuego. Luego ya fría lavarla y cae fácilmente.

- Para echar bebidas calientes en un recipiente de vidrio colocar el recipiente sobre un trapo bien húmedo.

- Para tapar una olla se puede utilizar papel aluminio

- Para que los vasos y copas queden brillantes, lavarlos con agua, vinagre y sal.

- Para servir platos típicos se utilizan vasijas de barro.

- Para blanquear ollas tiznadas, humedézcalas con ceniza y póngalas al fogón durante 10 minutos. Luego frótelas con una esponja seca.

- Para quitar a una olla el fondo pegado, ponga a hervir en ella, agua con una cebolla entera. Al rato el quemado subirá.

- Para que no se pegue la leche en la olla en que se hierve, debe estar mojada la olla cuando se echa la leche.

- Para que el jarro de la leche no tenga mal olor, lavarlo con aguasal.

- Para evitar accidentes, no dejar recipientes de plástico sobre la estufa.

- Para enfriar la olla a presión no debe ponerse debajo del chorro de la llave, sino dentro de un recipiente de agua fría.

-Toda vasija de cocina puede brillarse con esponja seca.

- Toda vasija de electroplata puede desmancharse con esponja, detergente y agua. Secarlas con paño limpio.

Salsas y sopas

- Cuando cocine una salsa que tienda a cortarse, tenga cerca un recipiente con agua helada; a la primera señal de alarma quite la cacerola del fuego e introdúzcala en el agua helada; esto lo evitará.

- Cuando sobra salsa que ha preparado para acompañar carne, utilícela mezclada con verduras cocidas.

- Cuando se prepara salsa o sopa de tomate puede agregarse un poco de azúcar para contrarrestar el sabor ácido.

- La cebolla va bien con todas las salsas, caldos y sopas.

- Las salsas se deben hervir a fuego lento para que no se formen grumos, porque esto les da mala presentación.

- Para que la sopa de harina de trigo no se corte, se debe rebullir con cuchara de palo.

- Para que no se corten las sopas, no probarlas con la misma cuchara con que se rebullen.

- Para cocinar cualquier salsa déjela hervir a fuego moderado para evitar que se corte.

- Para que la sopa de plátano quede blanca, se pela el plátano con cuchillo de comedor, no se lava, se restriega con limón y se echa a la sopa en agua hirviendo.

Otros secretos de cocina

- Al aceite bien caliente, agregar gotas de limón; los fritos quedarán tostados.
- Alimentos que prolongan la vida: nueces, germen de trigo, salvado, avena molida, pierna de pollo, espinacas, fríjoles, arvejas y salmón rojo.
- Acompañar las comidas grasosas con limón.
- Azúcar pulverizada, se obtiene licuando azúcar corriente.
- Cuando haga una nueva receta de cocina, sea cuidadosa en el cumplimiento de todos los pasos para no cambiar la fórmula.
- Cubrir con papel de aluminio las bandejas de la estufa para mantenerlas por más tiempo en buen estado.
- Cuando no hay queso para el chocolate, echarle un poquito de sal. Esto le da un sabor especial.
- Cuando el ponqué se pegue, no insista porque se puede desmoronar, colóquelo encima de una cubeta de hielo, al rato desprenderá fácilmente.
- Cuando se cuarteen las arepas, frótelas cuidadosamente con agua y termine de asarlas.
- Cocine la leche dejándola hervir tres veces.
- Cocine los alimentos el menor tiempo posible.
- Cuando se le hunda en el centro la torta que está haciendo, rellene el centro con frutas y cubra los bordes con crema batida.

- Cuando se están preparando dulces y éstos se cristalizan, para solucionar este problema se ponen de nuevo al fuego, agregándoles una cucharadita de zumo de limón o de vinagre.

- Cuando cocine pastas, póngalas en suficiente agua hirviendo con un poco de sal y aceite. Así quedan mejor presentadas.

- Dejar calentar bien el aceite siempre que vaya a freír algo.

- El congelar y descongelar los alimentos hace que pierdan sabor y calidad.

- El éxito de cualquier preparación de una receta, es tener todos los ingredientes listos.

- El secreto de un buen chocolate, es servirlo directamente en el pocillo, bien batido con espuma y caliente. Debe haber hervido mínimo tres veces.

- El polvo de hornear se agrega de último para que no pierda efecto.

- Lavar bien todos los alimentos antes de utilizarlos.

- La comida queda más sabrosa cocida a fuego lento.

- Los envases de cartón para la leche aseguran la protección perfecta contra los efectos dañinos de la luz.

- La comida queda más sabrosa cuando se cocina estando las ollas tapadas.

- La comida queda muy sabrosa revuelta con cuchara de palo.

- La verdura marchita recobra su aspecto fresco si es sumergida en agua helada a la que se añade un poco de vinagre o jugo de limón.

- La limonada o los jugos deben batirse con cuchara de palo.

- Limpiar la estufa después de cada comida.

- Los alimentos en el congelador se conservan frescos. Sacar sólo las cantidades necesarias.

- Las cucharas de palo son especiales para mezclar comida.

- Las pastas no deben quedar muy blandas, porque al agregar la sal y revolver se deshacen.

- Las cáscaras de naranja bien secas, se pasan por el molino y sirven para dar sabor a los postres.

- Las bolsas plásticas se cierran así: Sacándoles el aire, se les coloca papel de aluminio en la abertura y se les pasa la plancha caliente por encima de este papel.

- Los empaques que contengan líquidos no deben llenarse hasta arriba, porque estos se expanden al congelarse, por consiguiente deben dejarse tres centímetros libres.

- Mantener la cocina siempre limpia.

- Mantenga en su cocina lápiz y papel.

- No utilizar jabones perfumados para lavar ollas, ni platos porque queda el sabor.

- No someta la hoja de un cuchillo a la acción de la grasa o el aceite hirviendo, porque se desafila.

- No desperdiciar la comida.

- Nunca se deben echar alimentos salados a la nevera, porque se daña el electrodoméstico.

- No guarde la mayonesa en el congelador, se puede separar el aceite de lo sólido.

- No es aconsejable cambiar a capricho ningún ingrediente de una receta.

-Para mantener buena salud, es aconsejable comer bajo de sal.

- Para cortar pan fresco, se calienta primero el cuchillo.

- Para que no se peguen las pastas, se echan en agua caliente con sal y un gajo de cebolla junca partido en cruz.

- Para que la esponja o esponjilla de acero no se oxide, echarle suficiente jabón de barra.

- Para ahuyentar las moscas de la cocina, fuera de estar muy limpia mantener un florero con albahaca.

- Para disimular olores fuertes de fritos, poner a hervir clavos de olor en agua. Dejar la olla destapada.

- Para que la miel o el almíbar nos se adhieran a las paredes de los recipientes, engrasarlas ligeramente.

-Para quitar algún mal olor en la casa sino hay desodorante ambiental, ponga un poco de agua de colonia en una vasija con agua y deje que hierva destapada.

-Para que las pastas crezcan, luego de ablandarlas hirviendo, se echan en agua fría.

- Para evitar que el aceite manche los muebles de la cocina, amarre papel de cocina o un trapo alrededor del cuello de la botella.

- Para preparar la gelatina sin sabor, primero se deshace en un poquito de agua fría y luego se le va agregando poco a poco el agua caliente.

- Para evitar que los insectos ataquen los cereales secos, se coloca una cucharadita de sal en el recipiente que los contenga.

- Prefiera los alimentos frescos a los enlatados.

- Para que la leche no se dañe, se debe hervir, dejarla enfriar y meterla en la nevera.

- Para que no se ahúme el cuchuco, echarle una cuchara a la olla y rebullir frecuentemente.

- Precaliente el horno quince minutos antes de echar la torta o el ponqué.

- Para que la harina no se humedezca, coloque dentro de la caja una hoja de laurel, ésta absorberá la humedad y conservará la harina seca.

- Para hacer un bizcocho, prepare la masa, batiéndola en la misma dirección y déjela dos horas en refrigerador.

- Para quitar la grasa a un caldo, se deja enfriar y se cuela en un lienzo limpio o en un colador.

- Para que el maíz pira reviente todo, se debe meter un rato en el congelador.

- Para hacer dulce, se debe utilizar un recipiente de boca ancha.

- Para evitar que las cubetas se peguen al congelador, untarles la base con aceite de cocina.

- Para que la nevera no huela mal, se le echa un carbón vegetal.

- Para que el almidón de yuca, no se corte, cuando esté hirviendo se le agregan 10 gotas de limón, se rebulle, se baja del fogón y se deja enfriar.

- Para que el pan no se desmigaje al partirlo, utilizar cuchillo de sierra.

- Para evitar que el polvo se acumule en las ollas y sartenes, es aconsejable dejarlas boca abajo.

- Para hacer desaparecer los olores de su tabla de cocina, frotarla fuertemente con sal gruesa, lavarla con suficiente agua y dejarla secar; o frotarla con limón ácido, lavarla luego y dejarla secar.

- Cuando un alimento se quede pegado a la olla, se coloca al fogón con agua, se deja hervir durante 15 minutos y se lava.

- Para que la fruta confitada no se vaya al fondo de una torta, pásela por harina antes de echarla.

- Para que los plátanos verdes suelten fácilmente la cáscara, antes de abrirlos, golpearlos con el cabo de un cuchillo o una cuchara de madera.

- Para que los patacones queden tostados, se colocan las rodajas en agua con sal, después de freírlas un poco; y terminar de freír.

- Para ablandar el pan que se ha puesto duro, calentarlo en una sartén a fuego medio.

- Para que el ponqué no se absorba la pasta con que se ha cubierto, rociarlo con azúcar pulverizada antes de extender la cubierta.

- Para no cambiar el sabor de un coctel, hágalo con medidas exactas, mezclando los licores en el orden indicado por cada receta; lave bien la coctelera antes de preparar un nuevo coctel.

- Si la receta del coctel dice que sólo debe agitarse utilice un recipiente de vidrio y muévalo con suavidad. Si la receta dice que el coctel debe batirse, esto indica que debe hacerse con energía.

- Si va a hacer sancocho, la gallina debe matarse desnucada y colgada de las patas para que la sangre se deposite en el pescuezo y no quede regada por todo el cuerpo de la gallina.

- Una vez desplumada debe ser chamuscada.

- Una vez chamuscada debe ser lavada con suficiente agua y jabón de la tierra y raspada con cuchillo varias veces. Luego lavarla muy bien con suficiente agua.

- La gallina se echa en agua fría cuando se va a empezar a cocinar.

- El plátano para el sancocho debe ser picado con las yemas de los dedos y no con cuchillo.

- La gallina sólo debe partirse en presas a la hora de servir.

- El sancocho puede acompañarse de arroz, aguacate y ají.

- Si desea que a la leche le salga nata, hiérvala, bájela y déjela enfriar sin tapa.

- Si se le quedan pegados dos vasos de vidrio, al meter uno entre el otro, llene el de encima con agua fría y remoje la base del otro con agua caliente. Despegarán inmediatamente.

- Si no quiere que forme nata al hervir la leche, cocínela a fuego moderado, revolviéndola frecuentemente con cuchara de palo.

- Siempre que termine sus labores en la cocina, verifique si las llaves del gas están cerradas.

- Si desea que la mayonesa rinda más, a la hora de servir agregar una clara de huevo batida al punto de nieve, mantendrá su sabor delicioso y no se cortará.

- Si las papas se descascaran con anticipación, deben dejarse en agua que las cubra completamente para que no tomen color oscuro.

- Si quiere saber cuando están bien cocidas las pastas, se tantea con un tenedor.

- Si quiere que las papas queden bien tostadas, antes de freírlas rociarles un poquito de harina de trigo.

- Si su sartén huele al último guiso, caliéntela con vinagre, que hierva 10 minutos; déjela enfriar y lávela con agua y jabón.

- Si el aceite de cocina no hace espuma al trasvasarlo, es de buena calidad. Si hace un asado, deje enfriar la parrilla para lavarla.

- Si la salsa le queda con grumos, pásela por el colador, caliéntela nuevamente y rebulla.

- Si le quedan cortezas de queso para rallar, bien limpias pueden hervirse en el caldo que esté preparando y le darán mejor sabor.

- Utilizar agua hervida para hacer jugos.

- Uno de los requisitos indispensables en la preparación de una receta, es la tranquilidad.

- Una forma de experimentar un Whisky, es echar una gota en la palma de la mano, frótelo fuertemente si da olor agradable tómelo con confianza; pero si luego de frotarlo huele raro o a feo deséchelo porque se puede intoxicar.

- Una forma para hacer leche condensada: eche en la licuadora un pocillo de leche líquida, 1 1/2 pocillos de leche en polvo y un pocillo de azúcar. Licúe por un minuto. Si desea darle más consistencia agregue más leche en polvo.

3. La belleza

La prevención del envejecimiento es lo que debemos hacer siempre y desde ahora mantener una apariencia fresca y juvenil, el mayor tiempo posible; por ello muchas mujeres que ahora son abuelas, poseen los secretos para seguir luciendo conservadas a pesar de su edad y han hecho de la experiencia su aliada en el cuidado de la belleza.

Las mujeres curiosas han creado una serie de recetas caseras extraordinarias para prevenir señales de envejecimiento. Son productos únicos, prácticos y aplicables a los problemas diarios de belleza; son eficientes ya que contienen ingredientes naturales como la miel de abeja, la harina de trigo, el huevo, la sábila, etcétera. Todos confiables y seguros, ya que por muchos años la mujer ha sido especial para cuidarse la piel.

Mascarillas

Para aplicar una mascarilla:

a) Recoger el cabello.

b) Limpiar el rostro con agua y si el cutis es grasoso con agua y jabón.

c) Aplicar la mascarilla en forma ascendente, evitando el área de la boca y de los ojos.

- Las mascarillas nunca deben secarse al sol.

- Las mascarillas hechas con productos naturales son muy buenas para rejuvenecer la piel.

Para pieles secas:
Mascarilla de espinaca:

a) Tres hojas de espinaca.

b) Medio pocillo de agua.

Se licúa lo anterior y se aplica sobre la piel limpia durante 10 minutos. Retirarla con agua tibia.

Mascarilla de yerbabuena:

a) Un poco de agua.

b) Una taza de yerbabuena.

c) Una cucharada de miel.

Se licúan estos ingredientes. Dejar reposar la mezcla y aplicarla durante diez minutos. Retirarla con agua.

Mascarilla de banano:

a) Un banano.

b) 10 gotas de limón

c) Una cucharada de miel. Con cuchara de palo triturar el banano, agregar el limón y la miel y revolver esta mezcla.

Se aplica sobre la piel limpia durante un cuarto de hora. Quitar con agua tibia.

Mascarilla para desmanchar la piel:

Hacer una mezcla con los siguientes ingredientes: Ponche de huevo, leche descremada, azufre y agua oxigenada. Se revuelve y se aplica sobre la piel limpia. Se deja 10 minutos y se retira con agua.

Mascarilla para piel seca:

Una yema de huevo y una cucharada de aceite de oliva, aplicarlos en la cara limpia durante 10 minutos; retirar con agua tibia.

Para todo tipo de piel:

Mascarilla de huevo y miel. Es humectante y suaviza el cutis:

a) Una yema de huevo.

b) Dos cucharadas de miel.

Mezclar estos ingredientes hasta formar una pasta homogénea. Aplicar en la cara y en el cuello durante 15 minutos. Luego retirarla con agua fría.

Para cutis grasoso:

-Mezclar una yema de huevo y aceite de almendras o de oliva. Se deja 15 minutos y se retira con agua fría.

- Media zanahoria rallada y una yema de huevo. Se deja 15 minutos y se retira con agua fría.

- Una cucharada de miel de abejas, una de aceite de oliva y media yema de huevo. Se deja 15 minutos y se retira con agua fría.

Mascarilla para cutis seco o pálido:

-Media zanahoria rallada, media remolacha rallada, una cucharada de crema de leche y una cucharadita de miel de abejas. Mezclar estos ingredientes y aplicar en la cara limpia. Retirar con agua tibia.

Mascarilla para disimular las arrugas:

Mezclar:

a) 1/4 de yema de huevo

b) 1/4 de manzana cocida

c) 1/4 de cucharada de miel de abejas

d) 1/4 de cucharada de aceite de almendras.

Se aplica sobre la piel recién bañada. Se deja 15 minutos; retirarla con agua fría.

Mascarillas para cutis grasoso:

a) Clara de huevo con unas gotas de limón.

b) Pepino rallado más una cucharadita de harina de trigo.

c) Fresas más una cucharada de harina de trigo y gotas de limón.

Dejarlas 15 minutos y retirarlas con agua.

Mascarilla para desmanchar la piel:

Cinco cucharaditas de harina de avena, cinco cucharaditas de panela raspada y una cucharada de leche, dejar la mascarilla 15 minutos y retirarla con agua tibia.

Mascarilla para el acné:

Se hierve 4 puñados de hojas de malva en un litro de agua durante 30 minutos, se deja enfriar y aplicar en la zona afectada. El agua restante se guarda en la nevera. Se aplica diariamente.

Para pieles sensibles.

Mascarilla de zanahoria:

a) Una zanahoria mediana rallada.

b) Una cucharada de avena.

c) Una cucharada de aceite de oliva.

Batir estos ingredientes y aplicarlos sobre la cara limpia. Quitarla con agua tibia.

Mascarilla de manzana:

a) Una manzana rallada.
b) Una cucharada de harina de avena.
c) Una cucharada de aceite de oliva.

Mezclar estos ingredientes y aplicar sobre la cara limpia. Dejarla 10 minutos y retirarla con agua tibia.

Mascarilla de lechuga:

Licuar dos hojas de lechuga en medio pocillo de agua, en la cual se han hervido. Se aplica tibia sobre la piel limpia. Quitarla con agua tibia.

Mascarilla de tomate:

Se parte un tomate en rodajas y aplicar sobre la piel limpia. Se enjuaga con agua Iría.

La piel

La piel es una de las membranas más importantes de nuestro cuerpo. Está permanentemente expuesta al viento, a la contaminación ambiental, a cambios bruscos de temperatura y al roce de la ropa. Debemos prodigarle cuidados especiales si queremos mantenerla tersa. Para que la salud se manifieste en la lozanía de su piel practique los siguientes secretos caseros:

- Adiós pecas. Póngase nata de leche todas las noches durante un mes. Estas se aclaran completamente.

- Fuegos en los labios: cuando el fuego empieza a aparecer, haga una pasta de bicarbonato con unas gotas de limón. Póngale sobre la parte irritada.

- Gestos innecesarios estimulan la aparición prematura de líneas de expresión. Evítelos.

- El agua caliente tranquiliza.

- El agua fría reaviva la circulación.

- Para descongestionar la piel y favorecer la eliminación de arrugas, bañarse la cara con infusión tibia de hinojo.

- Para conservar la piel limpia, aplicar mascarilla de zumo de hojas de espinaca.

- Para quitar las manchas de la piel, aplicar rodajas de pepino cohombro. Dejarlas 10 minutos y retirar con agua.

- Para disimular las arrugas, aplicar clara de huevo. Dejarla 15 minutos, retirarla con agua tibia.

- Para conservar una piel e hígado limpios, tomar en ayunas un vaso de agua.

- Para evitar las quemaduras producidas por el sol, no exponerse a sus rayos.

- Para quitar las pecas, aplicar yoghurt natural con unas gotas de limón. Dejarlo 15 minutos y retirarlo con agua.

- Para quitar las pecas echarse orines de niño pequeño o leche materna. Dejarlos 10 minutos y retirarlos con agua fría.

- Para pieles pálidas, rallar remolacha, aplicarla durante 10 minutos y retirarla con agua helada.

- Para aclarar la piel aplicar jugo de limón, dejarlo cinco minutos y retirarlo con agua.

- Para mantener la piel bonita, no maltratar los barros ni las espinillas.

- Para recuperar la belleza de su piel, después de haber ido a la playa, hágase un tratamiento con proteínas.

- Para desmanchar la piel, mascarilla de papa rallada. Dejarla 10 minutos y retirarla con agua.

- Para cerrar los poros, mascarillas de clara de huevo batida al punto de nieve más unas gotas de aceite de oliva. Retirar con un buen jabón y agua fría.

- Para suavizar la piel, fécula de maíz mojada con leche. Dejarlo 10 minutos, retirarla con agua tibia.

- Para evitar que los labios se resequen y se cuarteen aplicar humectante con el dedo antes de aplicar el pintalabios.

- Para las manchas de la cara, se deshace azúcar con jugo de limón, se aplica durante 10 minutos y luego se retira con agua. No asolearse luego.

- Para limpiar la piel, lavar la cara con el agua en que se ha lavado el arroz, dejarla 3 minutos y retirarla con agua.

- Para quitar los barros, mascarilla de papa raspada con jugo de limón. Dejarla 10 minutos, retirarla con agua y jabón.

- Para los barros, panela raspada con tomate. Retirar con agua.

- Para conserva la piel fina y lozana, en cambio de jabón se raspa panela muy fina se echa con agua, dejándola tres minutos, bañarse con agua.

- Para suavizar la piel, miel de abejas con limón. Retirarla con agua.

- Para cerrar los poros, antes de maquillarse, echar hielo en una bolsa plástica y pasarla varias veces por la cara.

- Para evitar las arrugas, relaje los músculos, mínimo cuatro veces al día.

- Para mantener la piel tersa, mascarilla de miel de abejas con avena.

- Para mantener la piel fina y suave, tomar agua en abundancia, rodillas y tobillos frotarlos con azúcar y agua.

- Para mantener la piel lozana y tener buena salud es necesario respirar correctamente.

- Para las arrugas debajo de los ojos, aplicar saliva en ayunas.

- Para tener piel lozana es aconsejable comer frutas con todo y pulpa.

- Para las mascarillas de la piel, son aconsejables los productos naturales.

- Para que la piel de la cara y del cuerpo no se ajen tan rápido, secarse con cuidado.

- Para mantener una piel lozana nunca acostarse con maquillaje.

- Para las quemaduras de sol, aplicar clara de huevo ligeramente batida.

- Para disimular las ojeras, aplicar compresas de té helado o de agua aromática fría sin dulce.

- Para retirar el maquillaje hacerlo con sumo cuidado y en forma circular.

- Para las cicatrices, coja una concha de caracol échele jugo de limón y deje transcurrir varios días, ésto dará una crema con la cuál se frotan las cicatrices.

- Para que el color del labial le dure más, presione los labios sobre un pañuelo facial y aplique una segunda capa de color.

- Para disimular las arrugas llamadas patas de gallo, aplicar aceite de ricino, en el área alrededor de los ojos, antes de acostarse.

- Para la caspa, se frota el cuero cabelludo con vinagre y jabón de la tierra. Retirar con agua fría.

- Para mantenernos en forma debemos comer pero no hartarnos, caminar y hablar mucho.

- Para conservar la figura, hacer ejercicio moderado diariamente.

- Para no subir de peso, después de almuerzo no acostarse, hacer ejercicio moderado como caminar.

- Para mantener saludable el cutis, lávese la cara y renueve su maquillaje a medio día

- Para evitar arrugas prematuras, no lavarse la cara con agua muy caliente.

- Para que el cuello no delate su edad, dedíquele la misma atención que su rostro.

- Para verse más atractiva, debe ser discreta en su maquillaje.

- Si se muerde los labios, adquirirá arrugas prematuras.

- Si desea tener piel lozana, no abuse de las bebidas alcohólicas.

- Uno de los mejores amigos de la belleza es el sueño.

Consejos de belleza nocturnos

- El primer paso para el buen dormir es una actitud mental positiva.

- No ingerir mucha comida una hora antes de dormir.

- Es aconsejable una caminata corta y ejercicios respiratorios para relajar el cuerpo entero.

-Aspire profundamente llenando los pulmones, deje escapar el aire contando hasta diez, repita 15 veces.

- Retire el maquillaje.

- Bañarse la cara.

- Aplíquese una mascarilla sencilla según su tipo de piel.

- Saque la ropa que piensa ponerse al otro día. - Prepare su cama.

- Tómese un vaso de agua.

- Aplíquese crema humectante en el cuello.

- Si le gusta leer en la cama, prefiera novelas románticas a las lecturas de terror.

- Cuando empiece a dormirse, apague la luz.

Las manos

Hace muchos años la mujer se ocupaba exclusivamente de labores delicadas, pero hoy el desempeño de actividades pesadas hace que las manos estén continuamente expuestas a muchos elementos dañinos; sin embargo ocupan un lugar muy importante en la belleza femenina; por eso debe esforzarse cuidándolas.

En la medida en que envejecen las manos van perdiendo su grasa natural y capacidad para retener agua, se vuelven escamosas y en el peor de los casos se cuartean. Cuidemos nuestras manos.

A continuación encontrará algunas sugerencias relacionadas con su cuidado.

- A las personas cuando sientan deseos de comerse las uñas, se les aconseja tomar agua o comer chicle.

- Cuando las manos se enrojecen más de lo normal, frótelas por la noche y por la mañana con alcohol alcanforado, o con un litro de agua a la que se ha agregado cuatro cucharadas de agua oxigenada.

- Cuando las manos están muy ajadas, se les hecha aceite de oliva y se envuelven en bolsas plásticas por 30 minutos. Luego se limpia el aceite y se les echa crema de manos.

- Después de quitar el esmalte de las uñas, es bueno aplicar aceite de coco tibio, porque el quitaesmalte a veces las reseca.

- Después de lavar la ropa, las manos quedan resecas, aplicar lanolina con cebolla machacada. Lavarlas con agua y jabón de baño.

- Manos enrojecidas. Frotarlas con limón varias veces al día.

- Manos callosas. Frotarlas suavemente con piedra pómez.

- Manos manchadas: Frotarlas con vinagre, dejarlo 10 minutos, lavarlas con agua; frotarlas con jugo de limón y lavarlas con agua.

- Manos resecas: Frotarlas con aceite humectante y un poco de azúcar.

- Mantener las uñas limpias o pintadas.

- No limar profundamente las uñas por las esquinas.

- No limar las uñas cuando estén mojadas.

- No se debe cortar la cutícula, se debe correr con un palito de naranjo suavemente.

- No se debe desgarrar los pellejitos, porque causan maltrato, se aconseja quitarlos cuidadosamente con cortauñas.

- Las manos muestran nuestro carácter, nuestras ocupaciones y capacidades, cuidémoslas.

- Las manos largas, suaves y cuidadas pertenecen a una mujer que se preocupa mucho por la belleza.

- Las manos fuertes y bien cuidadas pertenecen a mujeres deportistas y trabajadoras.

- Las manos descuidadas y con el esmalte descascarado hacen ver poco atractiva a su dueña.

- La lima se usa por el mismo lado, de los lados de la uña hacia el centro.

- Lavarse y secarse perfectamente las uñas antes de aplicar el esmalte.

- Para despercudir los dedos y las uñas, mitad de amoníaco y mitad de agua oxigenada, frótese con esto y lavar luego con agua y jabón.

- Para secar rápido el esmalte, meter unos minutos la manos en el congelador.

- Para evitar que las uñas se ensucien cuando hace jardinería, arañar jabón de barra antes de empezar, luego se lava las manos. Evita que la tierra se meta debajo de las uñas.

- Para despercudir las manos, se les echa limón y azúcar frotando hasta que se deshaga el azúcar.

- Para el endurecimiento de las uñas, frotarlas con aceite de oliva.

- Para secar rápidamente el esmalte, meter las manos en agua helada.

- Para mejorar la presencia de las manos, hacer movimientos en el aire como si estuviera tocando el piano.

- Para suavizar la cutícula aplicar aceite de ricino tibio durante tres minutos.

- Para que el esmalte quede más brillante aplicar dos capas.

- Para quitar el esmalte de las orillas de las uñas, envuelva un palillo en algodón y humedézcalo en quitaesmalte y frótelas con este.

- Para quitar las durezas y callosidades de los dedos, frotarlos suavemente con piedra pómez.

- Para que el pincel no quede demasiado mojado y quede parejo el esmalte, pasarlo por el cuello del frasco.

- Para que el esmalte quede parejo, se debe aplicar en forma rápida.

- Para mantener las manos suaves, es conveniente aplicar con frecuencia crema de manos.

- Para el endurecimiento y crecimiento de las uñas, aplicar esmalte transparente con ajo molido y unas gotas de limón.

- Para desmanchar las uñas, métalas 10 minutos en vinagre blanco. Lavar luego las manos con agua y jabón.

-Si sus uñas son quebradizas, utilice la lija más fina. Una especial para estos casos.

- Si las uñas quedan manchadas, aplicar con algodón la siguiente, solución: 85% agua oxigenada, 10% amoníaco de tocador y 5% de glicerina. Lavar con agua y jabón.

- Si va a pintar sus uñas, quite primero perfectamente el esmalte antes de aplicar el nuevo.

- Se aconseja aplicar base para proteger las uñas y evitar que se manchen.

- Si las manos le quedan resecas y ásperas cuando utilice un detergente, frótelas con un buen jabón de baño y azúcar. Lávelas luego con agua tibia y aplique una crema suavizante.

El cabello

Mantener el cabello limpio es esencial para que luzca bello. La contaminación de hoy, requiere que se lave con más frecuencia y si usted vive en un lugar caluroso, la humedad que produce la transpiración, provoca que la suciedad se adhiera más. Lave el cabello cuando sea necesario y tenga presentes los siguientes secretos que dan óptimos resultados:

- El cabello no debe lavarse todos los días. Utilizar el champú apropiado y secarlo preferiblemente con aire tibio.

- El cabello con permanente no se debe tinturar; es mejor dejar transcurrir unos quince días para hacerse tinturar o decolorar.

- El cabello con horquilla hay que cuidarlo, mantenerlo limpio y darle masaje cada vez que lo lave.

- El cabello recibe los efectos de la fatiga física; es indispensable hacer un tratamiento con vitamina "B".

- El cabello mandado alisar pierde su vitalidad natural, se vuelve frágil y sin vida.

- Para el cabello seco hacer masajes en el cuero cabelludo con yema de huevo.

- El cabello escaso: cuando se está cayendo el cabello, es aconsejable licuar cristales de sábila con yema de huevo y dar masajes en el cuero cabelludo con esta mezcla.

- Cabello grasoso con caspa: lavar el cabello con champú de manzanilla o de limón, sobre la segunda espuma de champú, aplicar la leche azufrada, realizando suave masaje durante 15 minutos. Lavar el cabello con champú de limón.

- Cabello brillante: se licúan cristales de sábila más un huevo con cáscara y se le agrega panela raspada. Se aplica con masaje suave al cuero cabelludo. Dejarlo 15 minutos y lavar el cabello con champú.

- Caída del cabello: yema de huevo más brandy y miel de abeja; aplicarla al cuero cabelludo. Dejarlo 15 minutos y lavar el cabello con champú.

- Para sacar brillo al cabello: aplicar aguacate bien maduro con masaje suave. Dejarlo 30 minutos; lavar luego con agua y champú.

- Para abundar el cabello: flores de cayeno machacadas y revueltas con agua. Aplicarlo con masaje suave. Dejarlo 30 minutos. Lavar con agua y champú.

- El cabello opaco: enjuagarlo con cocimiento de un puñado de hojas de perejil.

- Cabello grasoso: enjuagarlo con infusión de salvia.

- Cabellos ajados: masaje con mayonesa, envuelva luego la cabeza en una toalla caliente mojada, déjela un rato, déjese desacalorar y lave bien con agua y champú.

- Cabello seco: -mezclar un huevo, una cucharada de miel y dos cucharadas de aceite de oliva. Aplicar con masaje suave. Déjelo 15 minutos y luego lave con champú.

- Cabello opaco: para que su cabello se vuelva brillante. Una taza de yoghurt, una yema de huevo, una cucharada de salvado y una cucharada de aceite de oliva. Se revuelven y se aplican con masaje suave al cuero cabelludo y al cabello en general, durante media hora. Se envuelve la cabeza en una toalla. Luego se deja desacalorar y se lava con champú y suficiente agua.

- Cabello algo dañado por los tintes: bata dos huevos; añádales, mientras bate, una cucharada de aceite de oliva, otra cucharada de glicerina y una cucharada de vinagre de cidra. Aplíquese esta mezcla una vez por semana después del champú. Envuélvase la cabeza en una toalla húmeda en agua caliente durante 20 minutos. Lavar la cabeza con agua tibia.

- Cepillo de cabello: lavarlo con agua y amoníaco y quedará limpio.

- Cuando se lave el cabello no recogerlo inmediatamente porque puede adquirir mal olor.

- Cepille su cabello con la cabeza vuelta hacia abajo, empezando por la nuca, siguiendo en los laterales acabando en la parte delantera.

- El agua de las piscinas es perjudicial para el cabello por el cloro que contiene; es aconsejable utilizar el gorro.

- El viento fuerte y el frío, resecan el cabello; protéjase de ellos con sombreros y pañuelos.

- El cabello permanecerá sano y brillante si se lava con agua fría.

- La frecuencia del lavado del cabello: grasosos todos los días, normal día por medio y seco dos veces por semana.

- No son aconsejables las tinturas porque maltratan y resecan el cabello.

- No acostarse con el cabello mojado, porque puede adquirir mal olor.

- Nunca utilice secador demasiado caliente y manténgalo a cierta distancia del cabello.

- Para embellecer el cabello, aplicar mayonesa, huevo, y ron revueltos. Retirar con agua y champú.

- Para oscurecer el cabello, aplicar una infusión de hojas de salvia.

- Para aclarar el cabello, infusión de hojas y flores de manzanilla.

- Para aclarar el cabello, darse masajes con jugo de piña. Lavar luego el cabello con champú para el cabello rubio.

- Para que crezca el cabello, aceite de hígado de bacalao aplicado en compresas tibias sobre el cuero cabelludo.

- Para que el cabello brille, agua con gotas de vinagre.

- Para que crezca el cabello, licuar los siguientes ingredientes: un trago de vino blanco, un huevo, papaya, pepino cohombro, cristales de sábila, una cucharada de miel. Aplicar con masaje suave durante 30 minutos. Retirarlo con agua y champú.

- Para hacer crecer el cabello, aplicar con masaje suave: jugo de naranja, zanahoria, panela raspada y aceite de oliva. Retirar con agua y champú.

- Para la calvicie, se machacan corozos con todo y corteza, se lavan, se cocinan durante dos horas, se dejan enfriar, se restregan y se dejan por dos días en una moya; por encima sale un aceitico, frotarse con éste y dejarlo una hora. Retirarlo con agua y champú. (El aceite restante se puede guardar en nevera).

- Para mantener el cabello saludable, lavarlo con agua libia abundante y champú y luego enjuagarlo con agua fría. Dar masaje suave.

- Para que la depilación sea indolora, aplicar primero con un algodón alcohol; déjelo secar y comience la depilación.

- Se aconseja cortar el cabello, dos o tres días después de la menstruación.

- Sírvase del secador, pero no abuse de él, porque debilita y vuelve frágil su cabello.

Los ojos

Es la parte más atractiva de su rostro; pero también la zona más delicada del cuerpo y es poco resistente a los síntomas de tensión, de fatiga; a la influencia de agentes externos como el sol, el aire y la contaminación. Fácilmente aparecen ojeras bolsas y sombras. Debemos cuidarlos con esmero si deseamos mantenerlos saludables, además de llevar a la práctica algunos sabios secretos como:

- Cerrar los ojos de vez en cuando proporciona descanso a sus ojos.

- Contra los orzuelos: colocar un punto de baba de cebolla junca en el lugar que empieza a salir. Arde un poco, pero es muy efectivo.

- Es aconsejable desmaquillar con sumo cuidado todos los días sus ojos.

- Nunca deben usarse aceites o cremas muy fuertes en el área de los ojos, porque es muy sensible.

- No es aconsejable encrespar las pestañas porque esto las maltrata y las hace caer.

- Párpados hinchados por el llanto, aplicarles papa raspada; esto alivia y descongestiona.

- Para evitar las bolsas que salen debajo de los ojos, aplicar las bolsitas de té que han sido utilizadas y dejadas por cinco, minutos en el congelador.

- Para disimular las ojeras, ponerse compresas frías con agua de té.

- Para hacer crecer las pestañas, aplicarles aceite ricino.

- Para suavizar la piel y prevenir la aparición prematura de las arrugas, usar una crema ligera como un bálsamo.

- Para evitar irritaciones, retirar el maquillaje de los ojos con gran suavidad.

- Para retirar el maquillaje, nunca frote o estire la piel de la zona de los ojos.

- Se aconseja mirar a distancia para descansar los ojos.

- Siempre que aplique mascarillas, evitar colocarlas en la zona que queda alrededor de los ojos.

- Si se endurece el pincel, sumérjalo durante un cuarto de hora en una mezcla de vinagre y agua fría, por partes iguales. Luego lávelo con agua y séquelo cuidadosamente.

- Se aconseja leer con suficiente luz.

- Si tiene bolsas debajo de los ojos, disimularlas con sombras beige; no olvide tratarlas con compresas y luego cubrirlas con polvo facial.

- Si se tiene ojeras, disimularlas con una ligera capa de color blanco, bajo el maquillaje.

- Si los ojos son saltones, evitar las sombras claras o brillantes.

- Si tiene patas de gallo en sus ojos, aplicar compresas con migas de pan empapadas en leche, a las que se añadirán unas gotas de aceite de almendras. Deben aplicarse tibias y dejarse durante 20 minutos. Retirarlas con agua.

-Use una crema protectora antes de maquillarse los ojos.

Los dientes

Puede que nunca lleguemos a tener una dentadura perfecta, pero sí podemos mantener por más tiempo nuestros dientes, si diariamente los cuidamos.

Las bacterias que atacan las encías y los dientes forman una placa que se adhiere a los dientes, todos los días de nuestra vida. Esta placa está compuesta por bacterias perjudiciales. El azúcar es sin duda, la mayor causa de caries dental. La caries dental ocurre cuando el esmalte que protege los dientes se corroe hasta que forma cavidad. La placa bacteriana se puede palpar con la lengua porque hace que los dientes se sientan ásperos. Se recomienda lo siguiente para el cuidado de sus dientes:

- El cepillo debe ser suave para que no dañe las encías.

- El cepillo debe ser de cabeza pequeña, para que pueda llegar a cada rincón de la boca.

- Cepíllese con movimientos cortos y bien dirigidos.

- La seda dental es un elemento muy útil para limpiar los angostos espacios interdentales.

- Hágase un chequeo cada seis meses.

- Para tener dientes blancos cepíllelos ocasionalmente con bicarbonato de soda.

- para mantener dientes sanos, mínimo bañarse la boca tres veces al día.

Los pies

Son la parte del cuerpo que más utilizamos, caminan unas 70.000 millas durante su vida y reciben unas 1.000 toneladas de presión al día.

Los pies son el soporte del cuerpo humano, son funcionales, necesarios y nobles, laboran sin recompensa y muchas veces se abusa de ellos. Es necesario tratarlos con consideración si deseamos poseer buena salud y una expresión tranquila.

Cualquier cosa que los afecte es importante.

Utilice calzado blando y adecuado; no debe ser grande ni pequeño, ni estrecho, sino justo a la medida.

Cuide sus pies, consiéntalos, trátelos con cariño y practique las sugerencias anotadas a continuación:

- El calzado muy puntudo y apretado da juanete; evitarlo siempre.

- Lave los pies todos los días.

- No lleve nunca un par de zapatos dos días seguidos.

- Para el mal olor en los pies, dejarlos un cuarto de hora en agua con medio puñado de cal. Secarlos luego y aplicar talco.

- Para mantener los pies sanos, de ninguna manera usar calzado apretado.

- Para el mal olor en los pies, lavarlos con agua aromática y aplicarles talco.

- Para la dureza en los talones, meter los pies en agua tibia durante 15 minutos y frotarlos suavemente con piedra pómez.

- Para que las uñas de los pies no se internen, cortarlas en forma recta.

- Para descansar los pies, meterlos en agua tibia con sal.

- Para callos, codos y pies. Un vaso de yoghurt sin dulce, medio de vinagre de cidra o manzana. Con esta mezcla se hacen masajes todas las noches utilizando un estropajo.

- Para evitar la formación de hongos en los pies, aplicar diariamente una mezcla de talco para los pies al que se ha añadido ácido bórico (en proporción de 10 partes de talco por una de ácido bórico).

- Retire el esmalte viejo con una mota de algodón y removedor.

-Séquese los pies cuidadosamente, especialmente entre los dedos, pues la humedad propicia las grietas y la infección.

- Si se le humedecen los pies por el sudor o por lluvia, cámbiese de zapatos.

- Suavice los bordes de sus pies con lima de cartón.

- Si desea descansar sus pies, dese masajes con loción para el cuerpo.

Las axilas

Deben mantenerse depiladas.

- Para las axilas manchadas por los desodorantes, aplicarles cinco minutos antes del baño bicarbonato con agua; retirarlo con agua y jabón.

-Para el mal olor en las axilas, aplicar jugo de limón dejarlo cinco minutos y retirarlo con agua y jabón.

- Para el sudor y el mal olor en las axilas, aplicar alcanfor con un poquito de agua y dejar secar.

- Para desmanchar axilas, mezcle una cucharada de levadura, agréguele una cucharada de agua de rosas y diez gotas de glicerina. Aplique esta mezcla y déjela actuar durante 15 minutos y retírela con agua y jabón.

El aliento

El cuerpo humano necesita cuidados y atenciones para que sea posible mantenerlo en óptimas condiciones. Un cuerpo saludable y en buen estado físico es un derecho de todos los seres humanos.

El aliento es un aspecto que no podemos pasar por alto, ya que está plenamente relacionado con nuestra dieta alimenticia y la salud en general. A continuación encontrará algunas sugerencias de las cuales se puede sacar provecho y evitar el mal aliento.

- Para tener buen sabor en la boca, primero comer hielo y luego bañarse la boca con cepillo y crema dental.

- Evite fumar cigarrillo.

- Enjuague la boca con agua de canela.

- Hacer gárgaras con agua y enjuague bucal.

- Masticar clavo de olor

- Masticar canela.

- Mantener a diario su higiene bucal.

- Masticar café tostado.

- Procure reducir sus tensiones nerviosas.

- No respire por la boca. Hágalo por la nariz.

- Tomar un vaso de agua en ayunas.

- Tome abundantes líquidos.

- Use algunos de los enjuagues bucales que hay en el mercado. No curan pero disimulan el mal aliento por un rato.

- Si el mal aliento persiste, vea a su médico o dentista para que investigue las causas.

La celulitis

La mujer especialmente a cualquier edad puede padecer alteraciones de la piel. Esta irritación de los tejidos se origina por la acumulación de grasa en pequeños bulticos, hoyuelos que se desarrollan principalmente en las caderas, o en los músculos. La postura del cuerpo, la ineficiencia del sistema circulatorio y hormonas como la estrógena ayudan a la retención de líquidos y acumulación de grasas en los tejidos, son algunos de los factores responsables del desarrollo de la celulitis en el cuerpo. Para evitar la celulitis se aconseja llevar a la práctica entre otros los siguientes consejos:

Consumir:
- Verduras crudas.
-Frutas frescas.

- Ensaladas condimentadas con aceite vegetal.

- Huevos sin grasa ni mantequilla.

- Jugo de verduras.

- Quesos no grasos.

-Yoghurt.

- Leche descremada.

- Carne, pescado y pollo, magros y cocidos a la plancha o al horno.

- Levadura de cerveza.

- Una o dos tacitas de té 15 minutos antes de las comidas.

- Agua. Beba de 6 a 8 vasos al día.

Evitar:

- Consumir gaseosa, café, azúcar y sal.

Evita la celulitis:

- El baño de mar, nadando activamente.

- Hacer ejercicios todos los días y con disciplina.

- Descansar. La tensión es otra de las causas de la celulitis.

- Respirar correctamente.

- Bañarse con agua fría.

4. La jardinería

Las plantas en una casa son imprescindibles, es necesario dedicarles tiempo y cariño; vale la pena porque hacen más agradable la vida en el hogar. Las plantas que florecen decoran y dan un toque delicado al ambiente; las frondosas proporcionan frescura y salud; cada hojita es como una especie de pulmoncito que ayuda a purificar el aire.

Son fundamentales en la decoración del hogar y dicen mucho de la bondad, el cariño y la dedicación de sus dueños.

Las plantas son vivas, necesitan atención y mucho amor. No resulta oneroso su mantenimiento.

A continuación encontrará algunos secretos caseros para mantener saludables sus plantas:

Abonos:

- La cáscara de huevo revuelta con la tierra, nutre las plantas.
- Es buen abono para las plantas el tamo de arroz, el tamo de trigo.
- Es abono: la pastilla de abono químico; introducirla a diez centímetros del tallo.
- Es conveniente limpiar las plantas con un paño suave y húmedo.
- El estiércol de vaca revuelto con capote es especial para las orquídeas.
- Es aconsejable removerle la tierra a las matas frecuentemente.

- Antes de comprar una planta haga un mínimo de averiguaciones sobre las condiciones naturales en que ella crece.

- Brillo en las matas de hojas grandes. Limpiarlas con agua revuelta con leche.

- Limpiar las hojas con banano bien maduro, frotarlas luego suavemente con trapo seco.

- Cuando las hojas se ven podridas y se tornan negras o grisosas, se ven húmedas y aparecen con manchas polvorientas; son hongos, aplicar fungicida.

- Cuando llueva, sacar las matas. Regarlas por lo menos una vez al mes con agua lluvia.

- Cuando un guanábano se demore en dar fruto, enterrarle a dos pasos del tallo, un hierro y sal.

- Cuando las plantas tienen rocío, no se deben tocar porque se dañan.

- Cocinar huesos dejarlos enfriar y enterrarlos en las materas para abonar las plantas.

- Cuando florezca una planta, es aconsejable quitarle las flores viejas y las hojas amarillas.

- Cactus. Se siembran en tres partes de arena y una de tierra abonada.

- Cuando las matas tengan piojos u hormigas, echarles agua y jabón en el tallo.

- Cuando una planta de jardín se pone frondosa, hay que dejarla en ese lugar porque es el que más le conviene.

- Consulte siempre la etiqueta del producto que va a utilizar.

- Cuando aplique plaguicida, colocarse un pañuelo húmedo en la nariz y en la boca.

- Cuando a las plantas del interior les hace falta luz, presentan hojas descoloridas; acercarlas a una ventana para que reciban el sol.

- Después de lavar la carne, no bote el agua, es benéfica para las matas.

- Después de llover no cortar los frutos de un árbol, dejar que se le haya secado ese rocío, de lo contrario se daña la planta.

- El helecho cuando aparece con puntos negros debajo de las hojas es señal de una planta saludable adulta.

- El helecho cuando aparece con unas conchas irregulares en las hojas, hay necesidad de aplicarle insecticida suave.

- El helecho amarillándose desde la base de la planta y las hojas maduras, es señal de aire muy caliente.

- El helecho amarillento de hojas y puntas carmelitas: Le falta humedad en el aire.

- El helecho con hojas jóvenes pálidas: es señal de mucho sol.

- El helecho se siente mejor en una parte húmeda.

- El helecho es una planta de sombra, no le gusta la luz directa del sol.

- En todas las casas deben existir plantas de jardín, adornan y ayudan a purificar el aire.

- Es preferible que una sola persona cuide las plantas.

- Es aconsejable podar las plantas en menguante, removerles la tierra y abonarlas.

- En caso de contaminarse la piel con plaguicida, lavarse rápidamente con agua y jabón.

- El agua vieja del acuario sirve para regar las plantas, puesto que contiene sustancias con propiedades fertilizantes.

- Es aconsejable regar las matas por la noche o por la mañana temprano antes de que les haya dado el sol.

- Fumigar las plantas cuando les aparezca algún animal.

- Jamás podar un arbusto en flor.

- Los helechos se abonan con capote.

- Helechos grandes y fuertes: se obtienen regándolos con leche de vaca sin hervir de vez en cuando.

- No cambiar las plantas frecuentemente de lugar porque no se les permite adaptarse.

- No comer o beber durante la aplicación de plaguicidas a sus plantas.

- Nuestras abuelas siempre ponían ceniza en las matas, ceniza de madera o de cigarrillo; fertilizante complementario por su contenido en potaza, elemento que permite a las matas una mejor utilización del nitrógeno y mejores defensas contra enfermedades causadas por hongos.

- La ceniza de carbón de piedra sirve para aligerar los suelos pesados y esto beneficia a las plantas.

- La tierra, vegetal mejora la tierra del jardín. Lógrela acumulando hojas y esperando que se descompongan.

- Lavar el follage de las plantas por lo menos una vez semanal.

- Las plantas necesitan elementos nutritivos para crecer, florecer y dar frutos.

- Las plantas deben regarse cada vez que lo necesitan.

- Las plantas se deben podar con tijeras.

- Lavarse las manos después de manejar plaguicidas.

- Las hojas marchitas se deben quitar.

- La lombriz de tierra es fábrica de vida y recupera los terrenos, no las mate porque éstas son fuente de proteínas para sus plantas.

- Las matas no se deben regar después de que les ha dado el sol.

- Las violetas de los Alpes se queman si les cae agua en la hojas.

- Las ranas y los sapos son los mejores amigos del jardín pues se alimentan de insectos.

- Las lombrices con su ir y venir mueven y airean la tierra; esto favorece sus plantas.

- La caléndula, las cebolletas y la mayor parte de hierbas aromáticas, sembradas cerca de otras plantas de jardín son efectivas para repeler plagas.

- Las hojas aparecen con manchas cafés o negras en el centro. Es un hongo infeccioso. Atomizar con fungicida.

- Las hojas y ramas se inclinan hacia abajo, es falta de agua. Regarla inmediatamente.

-Las plantas aparecen con unos animalitos blancos y polvorientos, particularmente se hallan en la parte inferior de las hojas y en las uniones. Son pulgones, lavar cuidadosamente las plantas y fumigarlas.

- La planta no crece; la tierra que posee es inapropiada, cámbiela.

- La planta se desgonza después de regarla; excesiva agua. Dosifíquela.

- Mantener los prados podados.

- No bote los refrescos de soda que quedan en las botellas son fantásticos para las plantas; especialmente el agua mineral.

- Para mantener brillantes las matas de hojas anchas, limpiarlas con agua revuelta con café.

- Para que prosperen las plantas, tratarlas con cariño.

- Para que una planta crezca derecha, cerca al tallo se le entierra un palito y con sumo cuidado se amarra a él.

- Para eliminar gusanos de las plantas de jardín, echarles picadura de cigarrillo.

- Para que las uvas salgan dulces, echarles agua de panela en la raíz de la planta.

- Para que nazcan las matas de rosal, se dejan los gajos cortados durante tres días en agua y luego se siembran.

- Para que duren las flores en los floreros, echarle al agua un cubo de azúcar y una pasta de mejoral.

- Pequeños ajos introducidos en la tierra de los helechos les ahuyentan ciertas plagas.

- Para sembrar una semilla debe estar sana y seca.

- Para que las abejas no se confundan, se recomienda no usar delantales con diseño de flores, ni perfumes con olor a flores.

Para ahuyentar pulgones, cochinillas y palomillas, surte gran efecto mantener especialmente las hojas limpias, sin polvo ni mugre.

- Para la palomilla, macerar algunas hojas de albahaca, las diluyen en agua y se fumigan con este insecticida orgánico.

- Para ahuyentar las plagas de su jardín, écheles por el orillo de la matera, rapé de tabaco.

- Saber ubicar bien las plantas, según sean de sol o de sombra.

- Sacar al sereno las matas que permanezcan en el interior de las habitaciones.

- Si quiere que una planta de hojas anchas quede brillante limpiarla con clara de huevo.

- Si las flores cortadas están marchitas sumerja un tercio de sus tallos en agua muy caliente; las flores se reanimarán de inmediato. Corte en seguida las partes de los tallos que estuvieron sumergidas en agua y póngalas nuevamente en agua a temperatura del ambiente.

-Tener cuidado al regar las matas para no maltratar las hojas. No mojar las hojas, sobre todo si están recibiendo sol fuerte.

- Tenga sus plantas al aire libre, por lo menos tres días a la semana. Así se mantendrán saludables.

- Tener en cuenta la clase de planta para colocarla en la matera que le convenga según su tamaño.

- Utilizar la menguante para sembrar, podar y transplantar.

- Utilizar preferiblemente los viernes en las mañana para transplantar y podar las plantas.

5. Sabias experiencias

No hay nada más placentero que tener un hogar ordenado, tranquilo y acogedor. El resultado requiere tiempo, paciencia y cuidado, pero ante todo planificar bien el espacio que va a utilizar. En estas páginas le vamos a sugerir secretos muy originales relacionados con el hogar en general que le van a ser sumamente útiles:

- Aproveche el tiempo, dosifíquelo y organice sus actividades.

- Ahorra tiempo mantener la casa ordenada.

- Cuando un lapicero está nuevo y no escribe, con un fósforo se le calienta la punta de la mina.

- Cuando sale de paseo y hay necesidad de dejar el perro en otra casa, se debe dejar una prenda usada por su dueño para que juegue con ella y no lo extrañe tanto.

- Cuando vaya de compras, haga una lista pormenorizada y ordenada. Cúmplala, ahorra tiempo.

- Cuando vaya de compras, haga su itinerario, ahorra tiempo.

- Cuando vaya a realizar cualquier actividad de hogar, apronte con anterioridad todos los implementos necesarios para realizarla.

- Cuando se le rompan las medias, no las bote, úselas como paño para limpiar sanitarios y azulejos.

- Cuando quiera conservar un papel escrito a lápiz, para que éste no se borre, bastará mojar la superficie con leche azucarada. Esto formará una capa protectora.

- Cuando los niños hagan daños, repréndalos con cariño para que no tengan temor a sus padres.

- Cuando se golpee un dedo mójelo inmediatamente con agua fría.

- Cuando compre pintura, calcule la cantidad necesaria para evitar sobrantes.

- Cuando llueve y no funciona el limpiabrisas, desmenuce un cigarrillo y frote con la picadura el vidrio exterior o parabrisas.

- Cuando llueve y no funciona el limpiabrisas, frotar el parabrisas con una cebolla cortada por la mitad.

- Cuando llueve y no funciona el limpiabrisas, frotar el vidrio exterior con rodajas de papa cruda.

- Debe reinar en las casas el orden y la limpieza para fomentar la salud y la tranquilidad.

- Debe haber gusto y armonía al arreglar la casa.

- Es aconsejable tomar los alimentos a la misma hora, este buen hábito ahorra tiempo y organiza las actividades restantes.

- Es aconsejable limpiar las paredes antes de pintarlas, para que pegue la pintura.

- El niño juega a lo que será más tarde.

- Es aconsejable e higiénico, limpiar y desinfectar frecuentemente el teléfono con alcohol.

- Evitar ruido en el hogar y en todas partes porque ensordece.

- No es aconsejable mantener por mucho tiempo las piernas cruzadas, porque estimula las várices.

- No compre productos que tengan envase estropeado.

- No compre remedios que tengan la fecha de vencimiento enmendada, es peligroso.

- No dejar el jabón en un lugar húmedo porque se derrite.

- Nada hay más serio para el niño que sus juegos y por ello no debemos exigirle que deje de jugar.

- No deben ser demasiados juguetes pues el niño tendrá que escoger y ninguno llamará suficientemente su atención.

- Los juguetes no deben ser demasiado pequeños, porque el niño se los puede echar a la boca y ahogarse; ni tan grandes que el niño no pueda jugar con ellos.
- Los juguetes no deben tener puntos ni bordes cortantes, para evitar accidentes.
- La buena orientación de los padres hace que el niño aprenda jugando.
- Los padres deben evitar pensar que el niño que juega pierde el tiempo en "bobadas", ya que lo está aprovechando de la mejor manera.
- La estufa debe mantenerse lejos de combustibles como leña, ropa y cualquier material inflamable.
- Los botones suelen soltarse cuando más prisa tenemos, mantenga varias agujas enhebradas con diferentes hilos.
- No pierda el tiempo, ríase de todos los acontecimientos graciosos.
- No dejar recipientes con agua caliente, en lugares frecuentados por los niños.
- No tire sus medias de nylon a la basura, lávelas, déjelas secar y córtelas en trocitos para rellenar cojines.
- No descuide sus niños, cuando están callados, algo están haciendo.
- No permitir a los niños el uso de objetos cortopunzantes porque se pueden accidentar.
- No dejar recipientes con veneno al alcance de los niños.
- Para arreglar puntas dañadas de cordones y es difícil pasarlas por los huecos de los zapatos, écheles goma y déjelos secar.
- Para correr las moscas poner a hervir vinagre blanco.
- Para saber si un objeto es de oro, se moja una varillita en ácido nítrico y se toca el objeto que se quiera ensayar. Si es de oro no sufre cambio; si no es de oro presenta una mancha verdosa o azul.

- Se recomienda tener en cada hogar, botiquín de primeros auxilios.
- Se recomienda tener en cada casa, extintor.
- Se aconseja tener todas las dependencias de la casa organizadas. El orden no sólo evita disgustos, sino que resulta verdaderamente económico.
- Si no desea que se manche su ropa con el desodorante, aplicarlo y dejarlo secar.
- Tener a mano y en lugar visible la lista de teléfonos de emergencia: policía, bomberos, médico y Cruz Roja.
- Tener aficiones le conservan joven.
- Una buena costumbre es empezar el día abriendo las puertas y ventanas.
- Una costumbre higiénica es asolear con cierta frecuencia cobijas, mantas y colchones.
- Una buena amiga de la limpieza es la escoba.
- Utilice para leer la luz natural que es la más saludable, no encienda bombillas innecesariamente.
- Una caja de fósforos puede convertirse en bomba, dejándola al alcance de los niños.
- Una fecha importante no puede pasar por alto, tenga una lista escrita de sus compromisos importantes.
- Una mujer ordenada no permanece en levantadora. Da mal aspecto.
- Una ama de casa cuidadosa, revisa puertas y ventanas antes de acostarse.
- Veladora, vela y fósforos son peligrosos si no se manejan con precaución.

Epílogo

La abuela, delicada reliquia de las familias que tienen la fortuna de conservarla viva, es la llama que ilumina y enternece el hogar. Ella con su presencia sabe prodigar cariño a sus nietos, leyendo en las voces infantiles la distante niñez de sus hijos; seno y cuna de héroes, sabios y santos, cofre secreto en el cual no hay espacio para el rencor ni la venganza; por el contrario, su alma saturada de cielo florece en estrellas de amor.

Su rostro pensativo refleja la satisfacción del deber cumplido, recordando sus mejores tiempos y mirando la vida con la comprensión que da la sabiduría acumulada por los años.

Sus manos en actividad prodigiosa: Manos juntas en suplicante plegaria, manos abiertas y tendidas para darse, ayudar y confortar, manos dobladas y callosas, infatigables para el trabajo, manos extendidas prodigando gracias y bendiciones.

La abuela, templo recreado por el suave murmullo de rezos y cantos, altar hogareño adornado con innumerables valores, cirio encendido de inquebrantable fortaleza, regazo de placer de los goces más puros de la vida, aroma de delicadezas, mil sueños sacrificados y ejemplo resplandeciente de toda clase de virtudes.

Las abuelas que en hora silenciosa se marcharon para siempre, llamadas por el Altísimo, nos dejaron un hermoso legado de enseñanzas como testimonio de sus principios que a manera de barco con velas desplegadas y eficiente timón, cruzarán el mar de la vida y anclarán en puerto seguro.

Parte de esas enseñanzas se hallan consignadas en estas páginas, formuladas como secretos originales, relacionadas con el hogar en general que le prestarán servicios sumamente oportunos.

Conclusión

Santander tiene una extensión de 30.537 Km cuadrados distribuidos en 86 municipios. Está ubicado en el nordeste del país, limita con los departamentos del Norte de Santander, Boyacá, Cesar, Bolívar y Antioquia. Su capital Bucaramanga y los municipios vecinos Piedecuesta, Floridablanca y Girón conforman los que hoy se conoce como Área Metropolitana de Bucaramanga.

Durante las entrevistas concedidas por las abuelas y amas de casa santandereanas, pude encontrar sabios conocimientos caseros, relacionados con el hogar, la cocina, la belleza y la jardinería, que ayudan en determinado momento a solucionar dificultades hogareñas.

Es importante rescatar la identidad de nuestros pueblos; también así se engrandece la patria; hagamos un alto en el camino para saborear con deleite de añoranza tiempos idos, que dejaron en los corazones, cuitas, alegrías y retazos de amores, relacionados especialmente con nuestra casa paterna.

Este trabajo sitúa, relaciona, interpreta y plasma alguna parte de nuestra tradición oral. Rinde homenaje a todas las abuelas y amas de casa porque con sus experiencias enriquecen este contenido.

www.ingramcontent.com/pod-product-compliance
Lightning Source LLC
Chambersburg PA
CBHW072100280526
45788CB00006B/2340

* 9 7 8 1 5 4 4 2 2 0 9 1 8 *